8
V
31003
11

4e Mille

N° 11.

Prix : 2 fr. 50

Collection honorée d'une Subvention de l'Association française pour l'avancement des Sciences.

Le Chauffage économique de l'Habitation

Par **G. DEBESSON**
Ingénieur Civil

Avec la collaboration du BUREAU TECHNIQUE
du Mois Scientifique et Industriel

BIBLIOTHÈQUE
DU
MOIS SCIENTIFIQUE ET INDUSTRIEL
8, rue Nouvelle, 8
PARIS (9e)
ET
7, Passage Lemonnier, 7
à **LIÉGE**

Direction : 8, rue Nouvelle, Paris (9e)
Téléph. 316-20
Adr. télégr.: Msi-Paris

COMITÉ DE PATRONAGE DU M. S. I.

† M. B. ABDANK-ABAKANOWICZ, ingénieur-conseil.
M. le professeur E. ARNOLD (Allemagne).
M. le docteur D'ARSONVAL, de l'Institut, professeur au Collège de France.
M. Henri BECQUEREL, membre de l'Institut.
M. André BLONDEL, ingénieur des Ponts et Chaussées, prof. à l'École nationale des Ponts et Chaussées.
M. le professeur BRANLY.
M. Adolphe CARNOT, membre de l'Institut, Inspecteur général des Mines.
M. Jules CARPENTIER, président de l'Association française pour l'avancement des sciences.
M. le professeur COLOMBO, président de l'Association électro-technique italienne.
M. DAVANNE, président de la Société française de Photographie.
M. Marcel DEPREZ, membre de l'Institut, professeur au Conservatoire des Arts et Métiers.
M. le professeur DU BOIS (Hollande).
M. C. M. GARIEL, membre de l'Académie de Médecine, professeur à l'École de Médecine.
M. Eric GÉRARD, directeur de l'Institut électro-technique Montefiore, Liège (Belgique).
M. HATON DE LA GOUPILLÈRE, membre de l'Institut.
M. M. HUTIN, ingénieur des Ponts et Chaussées.
L'INSTITUT INTERNATIONAL DE BIBLIOGRAPHIE, de Bruxelles.
M. Paul JANET, directeur de l'École supérieure d'Électricité.
M. le professeur Gisbert KAPP (Allemagne).
Lord KELVIN (Sir W. THOMSON).
M. le professeur docteur KITTLER (Allemagne).
M. Ch. LAUTH, directeur de l'École de Physique et Chimie industrielles de Paris.
M. LÉAUTÉ, membre de l'Institut.
M. Maurice LEBLANC, à Paris.
M. Michel LEVY, président de la Commission des laboratoires d'essai du Conservatoire des Arts et Métiers
M. G. LIPPMANN, membre de l'Institut, professeur à la Faculté des Sciences de Paris.
† M. J. MAREY, membre de l'Institut.
M. MASCART, membre de l'Institut, professeur au Collège de France.
M. MONNIER, professeur à l'École centrale des Arts et Manufactures.
M. de NERVILLE, ingénieur des Postes et Télégraphes.
M. A. POTIER, membre de l'Institut, professeur à l'École nationale des Mines.
M. le GÉNÉRAL SEBERT, membre de l'Institut.
M. le professeur C.-P. STEINMETZ (États-Unis d'Amérique).
M. le professeur Elihu THOMSON (États-Unis).
M. TISSERAND, directeur honoraire de l'agriculture, conseiller d'État.
M. VIOLLE, membre de l'Institut.
M. le professeur H.-F. WEBER (Suisse).
M. le professeur ZICKLER (Autriche-Hongrie).

COMITÉ DE FONDATION DU M. S. I.

† M. ABDANK-ABAKANOWICZ, ingénieur-conseil.
M. BERNARD, ex-ingénieur aux établissements Kulmann.
M. Ch. BURTON, ingénieur-électricien.
M. BARDON, ingénieur-électricien.
MM. BLANZY-POURE et Cie.
M. BOLLAERT, ingénieur des mines.
M. Adolphe CARNOT, membre de l'Institut.
MM. CHAUVIN et ARNOUX, constructeurs-électriciens.
COMPAGNIE GÉNÉRALE DE CONSTRUCTIONS ÉLECTRIQUES.
COMPAGNIE GÉNÉRALE DES PRODUITS CHIMIQUES DU MIDI.
M. W. DE CONINCK, professeur de chimie à l'Université de Montpellier.
MM. les fils de A. DEUTSCH, de la Meurthe.
M. FLEURY DE LESSEPS, industriel à Bordeaux.
M. Eric GERARD, Dr de l'Institut Montefiore de Liège.
M. Hippolyte FONTAINE, ingénieur-conseil.
M. C.-M. GARIEL, membre de l'Académie de Médecine.
M. Alexandre GRAMMONT, constructeur-électricien.
M. HATON DE LA GOUPILLÈRE, membre de l'Institut.
M. ITIER, ingénieur-chimiste.
M. JAVAUX, administrateur de la Société Gramme.
M. E. LABOUR, ingénieur-électricien.
M. Aug. LALANCE, administrateur délégué du Secteur de Clichy.
M. LANDRIN, fabricant de sucre.
M. Ch. LAUTH, directeur de l'École de physique et de chimie industrielles de Paris.
M. LÉAUTE, administrateur de la Société Industrielle des Téléphones.
M. L. LE CHATELIER, président du Conseil d'administration de la Société des anciens établissements Cail.
M. LIPPMANN, membre de l'Institut.
M. A. LUMIÈRE et ses fils, de Lyon.
† M. MAREY, membre de l'Institut.
MM. MENIER, ingénieurs-électriciens.
M. Ferdinand MEYER, Dr du Secteur Edison.
MM. PLEYEL, WOLF, LYON & Cie.
M. A. POTIER, membre de l'Institut.
MM. RADIGUET et MASSIOT, constructeurs de précision.
M. J. RICHARD, constructeur de précision.
MM. SAUTTER et HARLÉ, constructeurs-électriciens.
M. Ed. SAUVAGE, ingénieur en chef des Mines.
Société des établissements WEYHER et RICHEMONT.
Société anonyme des ANCIENS ÉTABLISSEMENTS PARVILLÉE Frères & Cie.
Société des Hauts Fourneaux, Forges et Aciéries du SAUT-DU-TARN.
M. SERNET-SOLVAY, de Bruxelles.
M. E. SOLVAY, de Bruxelles.
M. SOSNOWSKI, administrateur de la Société des Turbines de Laval.
M. TOBLER, professeur à l'École Polytechnique de Zurich.
M. VIOLLE, membre de l'Institut.
M. Lazare WEILLER, ingénieur.

H. MUNZING & Cⁱᵉ

LONDRES
29, Rue des Petites-Écuries, 29
PARIS
NEW-YORK

MATÉRIEL COMPLET POUR LE CHAUFFAGE D'USINES ET MAISONS PARTICULIÈRES

Devis estimatif sur demande

Demander le tarif spécial

CATALOGUE GÉNÉRAL FRANCO

Rendement garanti supérieur

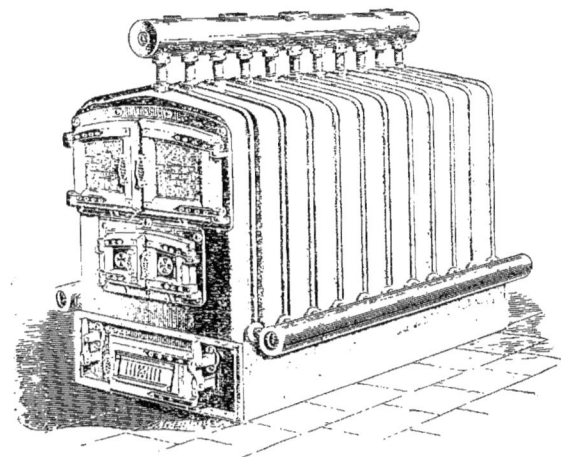

OUTILLAGE COMPLET
pour
Installateurs

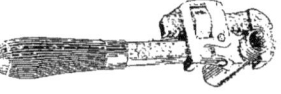

R. O. MEYER

Paris – 62, rue de Provence, 62 – Paris

TÉLÉPHONE : **297.25**   ADRESSE TÉLÉGRAPHIQUE : **Romeyer-Paris**

Chaudières

A ÉLÉMENTS A FLAMMES RENVERSÉES Système Strebel

Pour Chauffage des Habitations et toutes Industries, Lavoirs, Distributions d'Eau chaude, Bains, Serres, Jardins d'Hiver, etc.

Chaudières à Eau Chaude	Chaudières à Vapeur
26 Grandeurs	32 Grandeurs
Puissance : Depuis 44 jusqu'à 340 m. carrés en radiation directe.	Puissance : Depuis 10 jusqu'à 225 m. carrés en radiation directe.

RÉGULARITÉ

GRANDE ÉCONOMIE

SOLIDITÉ

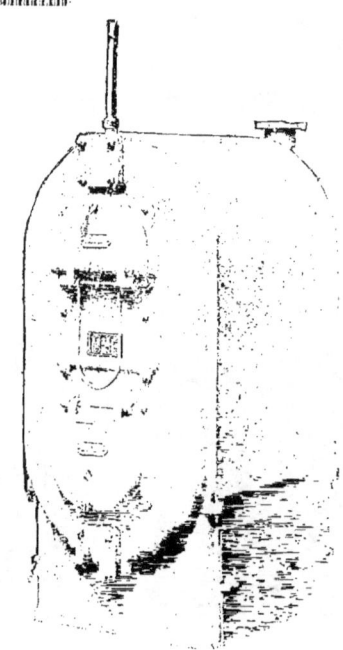

Robinetterie
Purgeurs d'air
Accessoires

Les Catalogues sont envoyés franco sur demande

Le Chauffage économique de l'Habitation

INDEX MÉTHODIQUE

		Pages
Introduction		1
Historique du chauffage	Cheminées ouvertes	4
	Cheminées fermées	4
	Poêles	4
	Calorifères à air chaud	5
	Chauffage à l'eau chaude et à la vapeur	6
Quelques notes techniques	Thermomètre à maxima et à minima	9
	Thermomètres enregistreurs	9
	Thermomètres avertisseurs	10
	Pyromètres	10
	Unités de chaleur	10
	Fusion	11
	Vaporisation	11
	Manomètres	12
	Hygrométrie	12
	Modes de transmission de la chaleur	12
Méthodes populaires de chauffage	Poêles	21
	Poêles à feu continu	23
	Poêles à gaz	24
	Poêles à pétrole	24
	Poêles à alcool	24

		Pages
Méthodes de chauffage central	Calorifères à air chaud	25
	Chauffage par l'eau chaude	29
	Chauffage Perkins	31
	Chauffage mixte par l'eau et la vapeur	32
	Chauffage par la vapeur	33
	Chauffage par la vapeur à basse pression	33
	Chaudière	37
	Radiateurs	39
	Robinets	40
	Canalisations	41
Chauffage hygiénique des appartements		
	1º Système par pulsion	42
	2º Système par émulsion	45
Chauffage de luxe par l'électricité		46
Chauffage des usines et des ateliers	Chauffage par la vapeur vierge	49
	Chauffage par la vapeur d'échappement	50
	Disposition des surfaces de chauffe	50
	Aéro-condenseur	51
	Aéro-calorifère	52
	Utilisation des chaleurs perdues	52
Conclusion		53

INDEX ALPHABÉTIQUE

Aéro-calorifère	52
Aéro-condenseur	51
Air chaud (Calorifères à)	25
Appartements (Chauffage hygiénique des)	41
Calorifères à air chaud	5-25
Canalisations	41
Chaleur (Modes de transmission de la)	12
Chaleur (Unités de)	10
Chaleurs perdues (Utilisation des)	52
Chaudière	37
Chauffage (Historique du)	4
Chauffage par l'eau chaude	29
Chauffage à la vapeur	33
Chauffage central (Méthodes de)	25
Chauffage de luxe par l'électricité	46
Chauffage des usines et des ateliers	49
Chauffage hygiénique des appartements	41
Chauffage mixte par l'eau chaude et la vapeur	6-32
Chauffage par la vapeur à basse pression	33
Chauffage par la vapeur d'échappement	50
Chauffage par la vapeur vierge	49
Chauffage par l'eau chaude	29
Chauffage Perkins	31
Chauffage populaire (Méthodes de)	18
Cheminées fermées	4
Cheminées ouvertes	4
Conclusion	53
Disposition des surfaces de chauffe	50
Eau chaude (Chauffage par l')	29
Eau chaude et vapeur (Chauffage mixte par l')	32
Électricité (Chauffage de luxe par l')	46
Émulsion (système par)	45

Fusion	11
Historique du chauffage	4
Hygrométrie	12
Manomètres	12
Méthodes de chauffage central	25
Méthodes populaires de chauffage	18
Modes de transmission de la chaleur	12
Notes techniques (Quelques)	7
Perkins (Chauffage)	31
Poêles	4 et 21
Poêles à alcool	24
Poêles à feu continu	23
Poêles à gaz	24
Poêles à pétrole	24
Pulsion (Système par)	42
Pyromètres	10
Radiateurs	39
Robinets	40
Surfaces de chauffe (Disposition des)	50
Système par émulsion	45
Système par pulsion	42
Thermomètres à maxima et à minima	9
Thermomètres avertisseurs	10
Thermomètres enregistreurs	9
Transmission de la chaleur (Modes de)	12
Unités de chaleur	10
Utilisation des chaleurs perdues	52
Vapeur à basse pression (Chauffage par la)	33
Vapeur (Chauffage par la)	33
Vapeur d'échappement (Chauffage par la)	50
Vapeur vierge (Chauffage par la)	49
Vaporisation	11

CHAUFFAGE - VENTILATION
STURTEVANT

Adopté par les grandes Usines américaines

Application à un hall de mécanique

UTILISATION DES CHALEURS PERDUES
AU CHAUFFAGE INDUSTRIEL
VENTILATION MÉCANIQUE

Demander la Notice M. S. n° 133

PROJETS ET DEVIS GRATUITS

RÉFÉRENCES SUR DEMANDE

Groupe Ventilateur-Aérocondenseur

Cie STURTEVANT, 62, rue St-Lazare, PARIS

Monographie
N° 11

LE
CHAUFFAGE
ÉCONOMIQUE
DE L'HABITATION

PAR

G. DEBESSON
Ingénieur

Avec la collaboration du Bureau Technique du M. S. I.

INTRODUCTION

Le problème du chauffage et de la ventilation des habitations est un de ceux qui doit préoccuper le plus le citadin, condamné à vivre 20 heures sur 24, dans une atmosphère plus ou moins bien chauffée ou ventilée. Notre but va donc être de permettre au lecteur, riche ou pauvre, de savoir le mode de chauffage qu'il devra adopter, ou rechercher. L'air et la lumière sont maintenant répandus à profusion par de larges baies vitrées dans toutes les constructions modernes ; les épaisseurs de murs sont considérablement réduites, en raison de l'augmentation incessante des prix des terrains et des matériaux de construction ; il en résulte que l'atmosphère de nos maisons se refroidit rapidement pendant la saison d'hiver, et qu'il devient de plus en plus nécessaire de recourir à la production d'une chaleur artificielle.

La chaleur répond en effet à un besoin physiologique essentiel du corps humain.

Pour que nos fonctions vitales puissent normalement s'exercer, il est indispensable que la température de notre corps se maintienne entre 37 et 38°. Cette température tend naturellement à s'élever sous l'influence de la combustion intérieure résultant de la respiration, c'est-à-dire de l'assimilation de l'oxygène à notre sang pour le régénérer d'une manière continue. La nature elle-même a inversement prévu un abaissement équivalent au moyen de la transpiration, qui lorsque nous sommes en bonne santé est plus ou moins importante, suivant les nécessités correspondantes à l'augmentation normale de température, ce qui rétablit l'équilibre. Mais les circonstances climatériques extérieures, la dépense de forces occasionnée par le travail, l'état général de notre santé, sont autant de facteurs qui tendent à rompre cet équilibre naturel.

De là pendant la saison d'été résulte la sensation de chaleur, et pendant la saison d'hiver la sensation de froid. Ce qui revient à dire que, pour que nous

nous sentions dans un état physiologique normal, il faut que la température de l'atmosphère qui nous environne ne soit ni trop basse, ni trop élevée.

Pendant l'été, sous notre climat européen, on peut assez facilement lutter contre l'élévation de la température extérieure en portant des vêtements plus légers ; la transpiration devient plus abondante, et contribue à maintenir notre corps aux environs des 37 à 38° normaux.

Mais pendant l'hiver, s'il est encore possible de lutter contre le refroidissement au moyen de vêtements chauds, de fourrures, et d'exercices physiques lorsque nous marchons dans les rues, il devient indispensable de recourir au chauffage artificiel lorsque nous sommes à l'état de repos dans nos habitations, ou que nous livrons à un travail qui ne nécessite aucun exercice physique.

Il est du reste extrêmement difficile de déterminer le degré de température exact qu'il convient de créer dans nos habitations, parce que, non seulement la température qui convient à un individu semble désagréable à un autre, mais encore, une même personne a besoin d'une température différente suivant son état de santé, l'alimentation qu'elle a prise, le travail auquel elle se livre aux divers moments de la journée, etc. Il faut donc autant que possible faire sur soi-même l'expérience de la température qui convient à son organisme propre, et faire installer l'appareil de chauffage qui répond à ce besoin personnel (1).

La ventilation est un facteur aussi important que le chauffage, et joue un rôle non moins intéressant dans notre état physiologique.

Si la respiration produit intérieurement une véritable combustion qui tend à augmenter notre température, elle donne naissance en même temps à un dégagement d'acide carbonique, de vapeur d'eau, et de matières organiques qui se dégagent dans l'atmosphère (2).

De même si la transpiration est le véhicule qui transporte à l'extérieur de notre corps l'excès de chaleur produit par la respiration, ce résultat est obtenu par l'émission dans l'air d'une certaine quantité de vapeur d'eau et de matières organiques.

Les appareils d'éclairage augmentent encore l'état d'insalubrité de nos habitations, puisqu'ils absorbent de l'oxygène et donnent naissance à de l'acide carbonique et de la vapeur d'eau.

De nombreuses expériences faites dans les salles de réunions, écoles, salles de conférences, théâtres, etc., occupées momentanément par un grand nombre de personnes à la fois, ont montré que l'atmosphère des salles était chargée d'acide carbonique, de vapeur d'eau, de matières organiques, dans des proportions dangereuses pour la santé. Nous ressentons du reste, dans ces salles, après plusieurs heures de séjour, un sentiment de gêne, d'oppression, des malaises, des maux de tête, des étourdissements, des nausées, résultant de l'état de viciation de l'air.

Il est donc indispensable qu'un système de chauffage artificiel soit complété par un système de ventilation assurant d'une manière efficace l'évacuation de l'air vicié, et l'introduction d'une égale quantité d'air neuf.

---

(1) On admet toutefois, sauf indications spéciales :

Dans les habitations
- 13 à 14° dans les antichambres, escaliers, pièces que l'on ne fait que traverser.
- 17 à 18° dans les salons, salles à manger, bureaux, où l'on se tient immobile.
- 14 à 15° dans les chambres à coucher.
- 18° au moins dans les cabinets de toilette.

Dans les édifices
- 16 à 18° dans les écoles, hôpitaux, salles de conférences.
- 14 à 15° dans les ateliers.
- 12 à 14° dans les églises et lieux similaires où l'on conserve tous ses vêtements.
- 19 à 20° dans les théâtres et salles de spectacles où l'on quitte une partie de ses vêtements extérieurs.

(2) D'après Ser, un homme adulte aspire 500 litres d'air par heure et en consomme par la respiration environ 11 grammes 3 par heure, ce qui correspond à 20,4 litres d'acide carbonique mesurés à la température de 0° et à 760 m/m de pression. L'air qui sort de ses poumons à 37° est toujours saturé, et contient 43 gr. 51 de vapeur d'eau par m³, ce qui, pour 500 litres respirés par heure, correspond à 21 gr. 75.

La quantité de vapeur d'eau évacuée par la transpiration est presque double, soit 40 gr. 25 par heure.

En nombres ronds, on peut admettre qu'un homme évacue 1 k. 5 de vapeur d'eau par 24 heures, dont 0 k. 500 par la respiration, et 1 k. par la transpiration.

Comme pour le chauffage il est bien difficile de préciser quel volume d'air pur devra être introduit par heure dans nos habitations, et il faut encore s'en rapporter aux impressions personnelles de malaise ou de bien-être variables avec les individus (1).

En bonne pratique on admet que dans nos habitations il convient de renouveler l'air de chaque pièce une fois par heure (2).

Enfin, pour que l'air de nos habitations soit salubre, il faut encore qu'il se trouve dans des conditions hygrométriques satisfaisantes, c'est-à-dire qu'il contienne une quantité déterminée de vapeur d'eau.

Si l'air est trop sec ou desséché par un appareil de chauffage, la respiration devient difficile, les muqueuses de la gorge se dessèchent, et l'assimilation de l'oxygène se fait mal dans les poumons, qui s'irritent.

Si l'air est trop humide, comme en hiver, pendant les jours de brouillard, ou en été au moment des orages, l'évacuation de la vapeur d'eau par la respiration et la transpiration se fait mal, et il en résulte une sensation de lassitude, bien que la température ne soit pas élevée au-dessus de la normale.

L'état hygrométrique de l'air joue donc un rôle extrêmement important sur notre organisme, et il est facile de comprendre que, puisque l'air atmosphérique contient une proportion d'humidité plus ou moins grande, suivant les saisons et suivant l'état de la température, on ne peut assurer le bon fonctionnement de nos organes que par un renouvellement d'air, ou par une ventilation d'autant plus abondante que l'air neuf ainsi fourni est plus chargé d'humidité. On verra plus loin aussi que pour cette même raison les appareils de chauffage qui surchauffent l'air sont dangereux, parce qu'ils le transforment, en raison de cet excès de température, en une atmosphère ne contenant plus le pourcentage d'humidité nécessaire pour que nos fonctions s'opèrent dans des conditions normales satisfaisantes.

---

(1) Le général Marin admet par heure et par individu :

Hôpitaux { Malades ordinaires, 60 à 70 m³.
{ Blessés et femmes en couches, 100 m³.
{ En temps d'épidémie, 150 m³.

Prisons, 50 m³.
Ateliers, 60 à 100 m³.

Casernes { Jour, 30 m³.
{ Nuit, 40 m³.

Salles de spectacles et d'assemblées, 40 à 60.
Ecoles d'enfants, 12 à 15, d'adultes, 25 à 30.
Ecuries et étables, 180 à 200.

(2) Extrait de l'arrêté du préfet de la Seine du 23 juin 1904 portant règlement similaire pour la ville de Paris.

§ 3. Art. 29. — Les caves ne pourront en aucun cas servir à l'habitation de jour ou de nuit.

Art. 30. — L'habitation de nuit est interdite dans les sous-sols. Les sous-sols destinés à l'habitation de jour devront remplir les conditions suivantes :

1° Les murs ainsi que le sol devront être imperméables ;

2° Chaque pièce aura une surface minimum de 12 m. Elle sera éclairée et aérée au moyen de baies ouvrant sur une rue ou sur une cour, et dont les sections réunies devront avoir au moins 1/10 de la surface de la pièce.

§ 4. Rez-de-chaussée et étages divers: Art. 33. — A rez-de-chaussée et aux étages autres que celui le plus élevé de la construction, le sol de toute pièce pouvant servir à l'habitation de jour ou de nuit aura une surface minimum de 9 mètres.

Chaque pièce sera munie d'un conduit de fumée et sera éclairée et aérée sur rue ou sur cour au moyen d'une ou plusieurs baies dont l'ensemble devra présenter une section totale égale au moins à 1/6 du sol de ladite pièce.

Les pièces qui seront affectées à l'usage exclusif de cuisines pourront avoir une dimension moindre.

Par exception, une loge de concierge ne pourra avoir une surface inférieure à 12 mètres.

Art. 34. — A l'étage le plus élevé de la construction, le sol de toute pièce pouvant servir à l'habitation de jour ou de nuit aura une surface minimum de 8 mètres. Cette surface sera mesurée à 1 m. 30 de hauteur du sol, sans que le cube de la pièce puisse être inférieur à 20 m³.

Chaque pièce sera munie d'un tuyau de fumée et sera aérée directement par une ou plusieurs baies dont l'ensemble devra présenter une section totale au moins égale au 1/8 du sol de ladite pièce.

Toute partie lambrissée sera disposée de façon à défendre l'habitation contre les variations de la température extérieure.

Art. 35. — Les cages d'escaliers seront éclairées convenablement dans toutes leurs parties.

Art. 36. — En aucun cas les jours de souffrances ou de tolérance ne pourront être considérés comme baies d'aération.

CHAPITRE PREMIER

HISTORIQUE DU CHAUFFAGE

Depuis les temps les plus reculés, toutes les races humaines vivant en dehors des régions *tempérées* ont eu recours à la production artificielle de la chaleur.

Viollet-le-Duc, dans son histoire de l'habitation humaine, nous montre comment les peuples sauvages construisaient un simple et grossier foyer, au milieu de la hutte, ou sur une pierre du dallage, sans aucune précaution pour conduire a fumée à l'extérieur.

Cheminées ouvertes. — Cette incommode fumée amena bientôt nos ancêtres à réserver dans le faîte de la hutte d'abord un simple trou pour lui permettre de s'échapper. Puis peu à peu on construisit des tuyaux de fumée placés directement au-dessus du foyer, on recula celui-ci du centre de la pièce jusqu'à une des parois latérales, et par une suite d'évolutions successives, on arriva à construire les cheminées ouvertes.

Ce mode de chauffage fut le seul employé pendant plusieurs siècles, et dans nos vieux châteaux, dans les anciennes fermes et maisons villageoises, on retrouve ces immenses cheminées dans lesquelles nos ancêtres faisaient brûler des arbres entiers, et en face desquelles douze à quinze personnes pouvaient à l'aise faire la veillée devant le joyeux foyer.

Cheminées fermées. — L'épuisement progressif du bois, en même temps que les proportions rendues plus exiguës des pièces des habitations, contraignirent à restreindre bientôt les dimensions de ces cheminées. On ne fit plus la grande cheminée de famille dans la salle commune, on en construisit une par pièce, mais toute petite, peu encombrante, premier essai de luxe, mais aussi première tentative d'économie.

La mode en est restée jusqu'à nos jours, et aucun architecte en France n'oserait construire une maison sans mettre une cheminée dans chaque pièce.

Poêles. — Quand on s'aperçut que 90 à 95 % au moins de la chaleur provenant du combustible brûlé étaient inutilisés, et s'échappaient à l'extérieur par le conduit de fumée, on chercha un moyen d'empêcher la perte d'une partie de cette chaleur.

En même temps, le bois devint de plus en plus rare, de plus en plus cher. On commença à extraire la houille des entrailles de la terre. Il fallut créer des appareils nouveaux pour la brûler.

La première solution fut le poêle.

Le poêle était à l'origine une simple cheminée en fer ou en fonte, placée en saillie dans une pièce, avec un foyer ouvert, de sorte qu'au rayonnement du foyer proprement dit et à l'action de la flamme venait s'ajouter le rayonnement des parois.

C'était à ce moment un progrès réel, et une disposition vraiment très bonne, car l'ouverture du foyer créait dans le local chauffé une énergique et saine ventilation.

Néanmoins, la raison d'économie poussa à chercher mieux. On construisit les foyers fermés. Adieu la belle flamme claire !

On fit des poêles en fonte, dans lesquels le seul rayonnement des parois chaudes est utilisé ; on fit des poêles ventilateurs, avec foyer en fonte ou en terre réfractaire, avec enveloppes en fonte, en tôle, en cuivre, en faïence, dans lesquels est établie entre le foyer et l'enveloppe une circulation d'air pris intérieurement ou extérieurement, et qui s'échappe dans le local, après s'être échauffé par des bouches de chaleur placées à la partie supérieure de l'enveloppe.

On fit enfin, dernière disposition préconisée par la mode et l'économie, des poêles à combustion lente, à chargement continu, fonctionnant jour et nuit sans interruption, et pouvant se transporter d'une salle dans une autre pour échauffer successivement toutes les pièces de la maison.

Des milliers de disposition de ces poêles et cheminées existent encore dans nos habitations, et la raison d'économie les y maintiendra longtemps encore.

Calorifères à air chaud. — Cependant, le luxe s'affinant de plus en plus, on voulut bientôt éviter la multiplicité des foyers nécessaires pour chauffer les diverses pièces d'un appartement ou d'une maison ; on chercha à grouper ensemble plusieurs foyers, ou plutôt à chauffer toutes ces pièces avec un même foyer.

La première solution fut le calorifère à air chaud.

Un calorifère à air chaud n'est, en réalité, qu'un grand poêle ventilateur, placé dans un sous sol, avec un foyer et des surfaces de chauffe formant prolongement du foyer, dans lesquelles la fumée circule avant de se rendre à la cheminée, et une enveloppe extérieure en maçonnerie.

Une prise d'air va à l'extérieur chercher de l'air frais aussi pur que possible et l'amène au contact des parois du foyer et des appareils de circulation de fumée. Il s'échauffe, s'élève à la partie supérieure de l'appareil, et s'échappe par des conduits qui le distribuent dans les divers locaux à chauffer.

Le calorifère à air chaud était déjà un grand progrès.

Un seul appareil, placé dans un sous-sol ou dans un coin sombre et difficile à utiliser autrement, permet donc d'échauffer toutes les pièces d'un immeuble. La surveillance en est facile, une seule personne pouvant en être chargée. Plus de combustible à transporter dans toutes les pièces, plus de cendres répandues sur les parquets ou se déposant sur tous les meubles, une grande économie de charbon due au foyer unique et à la meilleure utilisation des gaz chauds, une importante ventilation résultant d'une introduction constante d'air neuf dans toutes les pièces chauffées, bref, le calorifère à air chaud fut longtemps considéré comme l'idéal des méthodes de chauffage. Aussi l'usage s'en répandit-il rapidement, et bientôt, bureaux, hôtels particuliers, maisons de rapport, hôpitaux, écoles, grands édifices, furent chauffés par ces appareils.

Les constructeurs s'ingénièrent à les perfectionner, à chercher sous les formes les plus rationnelles et les moins encombrantes la meilleure utilisation du combustible.

Et pourtant, par un besoin de plus en plus vif d'améliorer les conditions hygiéniques de l'existence, on arriva à adresser aux calorifères à air chaud des reproches plus ou moins fondés.

1º Dans la plupart de ce ces appareils, le charbon en ignition et les gaz de la combustion sont placés à l'intérieur de tuyaux ou chambres en métal, dont les parois sont ainsi portées à très haute température, souvent jusqu'au rouge, tandis que du côté opposé de ces parois circule l'air à échauffer. Comme l'air même le plus pur est toujours chargé plus ou moins de poussières organiques, ou végétales, celles-ci se trouvent brûlées dans la chambre de chaleur, et produisent des gaz que nos hygiénistes déclarent extrêmement dangereux à respirer. Cet inconvénient devient de plus en plus grave à mesure que la température extérieure s'abaisse, et atteint son maximum au moment des plus grands froids, quand le calorifère est appelé à donner toute sa puissance, et que tous les orifices des chambres sont soigneusement calfeutrés.

2º Chaque conduit de chaleur contient une colonne d'air chaud dont le poids est inférieur à celui de la colonne d'air atmosphérique extérieure ; il se produit donc dans ce conduit un tirage analogue à celui d'une cheminée, et qui tend à produire un vide dans la chambre de chaleur. Quand tous les conduits aspirent dans une chambre commune, leur action combinée tend à créer un vide supérieur à celui que produit le tirage de la cheminée dans les surfaces chauffantes. D'où danger de fuite des gaz de la combustion au travers des joints dans la chambre de chaleur, dans les conduits et dans les locaux chauffés.

Si le tirage de la cheminée est puissant, le danger est moins grand ; mais chacun sait que, quel que soit le soin apporté dans la construction des cheminées, leur tirage est irrégulier et décroît de plus en plus à mesure que la température extérieure s'élève, pour devenir nul parfois quand les rayons de soleil frappent dessus perpendiculairement.

Les constructeurs de calorifères s'ingénient bien à éviter ces fuites ; ils font des joints aussi étanches que possible, à brides, à garniture d'amiante, etc. Mais ce n'est là qu'un palliatif temporaire. La dilatation et les déformations dues aux hautes températures ont bientôt raison des meilleures dispositions de joints. Les ébranlements pendant les ramonages font le reste, les ruptures des parties en fonte, l'usure de pièces de tôle, viennent encore s'y ajouter, et au bout de quelques années le meilleur calorifère n'est plus qu'une vaste écumoire laissant échapper avec l'air chaud l'acide carbonique, l'oxyde de carbone et tous les gaz délétères.

3º Et puis, n'a-t-on pas dit que l'acide carbonique et l'oxyde de carbone filtrent au travers des parois en fonte portées au rouge ? N'a-t-on pas trouvé aussi que l'oxygène de l'air a la propriété de se combiner au carbone contenu dans la fonte, quand celle-ci est à très haute température, pour former l'oxyde de carbone, ce terrible poison !

4º On reproche aussi aux calorifères à air chaud de dessécher l'air. Les saturateurs placés dans la chambre de chaleur, quand ils ne sont pas alimentés par un robinet à flotteur, ne contiennent pas souvent d'eau, la négligence des domestiques chargés du service les a tôt fait dessouder et rendus hors de service.

5º La chaleur produite par les calorifères à air chaud est très inégale. Considérable immédiatement après un chargement de combustible, gênant même à ce moment, elle s'abaisse graduellement jusqu'au chargement suivant. L'ennui et la difficulté de descendre à la cave régler un calorifère quand on a trop chaud, font que le plus souvent on se contente de fermer la bouche de chaleur et d'ouvrir la fenêtre. D'où une importante quantité de charbon brûlée en pure perte.

6º Enfin la distribution d'air chaud par les conduits de chaleur est difficile à régler. L'air chaud coule mal dans les longs conduits horizontaux et s'y refroidit, les pièces éloignées du calorifère sont donc en général mal chauffées. L'air chaud ayant toujours tendance à s'élever, les étages supérieurs sont chauffés davantage que les étages inférieurs. Il n'est pas rare, même, quand la prise d'air extérieure est insuffisante, de voir les bouches de chaleur du rez-de-chaussée transformées en prises d'air véritables, aspirant l'air des pièces pour le ramener au calorifère qui le renvoie aux étages supérieurs. Ceci peut se passer surtout dans le cas des prises d'air soumises à l'influence des vents, et dont le débit d'aspiration est très variable.

On évite en partie ces inconvénients en plaçant sur les conduits de chaleur, au départ du calorifère, des registres permettant de régler le débit. Mais mille lois inconnues régissent la circulation de l'air dans les conduits ! Une porte ou une fenêtre ouverte, un changement de vent, un rien, modifient l'équilibre d'un tel système, et il faudrait continuellement venir changer la position respective des registres.

Tous ces inconvénients plus ou moins réels, et d'autres encore, ont amené les constructeurs à chercher des méthodes de chauffage plus parfaites ; de là l'apparition des chauffages à eau chaude et à vapeur, tout modernes, et qui se perfectionnent de jour en jour.

Chauffage par l'eau chaude et par la vapeur. — Le principe de ces deux méthodes de chauffage est à peu près le même.

Le chauffage par l'eau chaude consiste à chauffer de l'eau dans une chaudière, et à la conduire par des tuyauteries dans des appareils placés aux endroits à chauffer. Elle abandonne là une partie de sa chaleur, puis revient par d'autres conduits à la chaudière où elle est échauffée à nouveau, et ainsi de suite.

Le chauffage par la vapeur a un principe analogue. L'eau est transformée en vapeur dans une chaudière ; cette vapeur est transportée par des tuyauteries dans des appareils similaires placés aux endroits convenables ; elle s'y transforme en eau en abandonnant sa chaleur latente, l'eau revient à la chaudière, est à nouveau vaporisée, et ainsi de suite.

Le chauffage à eau et le chauffage à vapeur, qui sont les plus récemment appliqués au chauffage de nos édifices, sont donc deux méthodes absolument similaires. Chacun d'eux a ses avantages, et suivant les circonstances on a intérêt à employer l'un ou l'autre dans chaque cas particulier. Nous verrons dans le cours de la présente étude quelles sont les considérations qui doivent servir de guide dans le choix de l'eau chaude ou de la vapeur.

Tout ce que nous tenons à dire maintenant, c'est qu'ils sont tout deux parfaitement pratiques, et remplissent également les conditions d'hygiène, d'économie et de simplicité de fonctionnement qu'on est en droit d'exiger des appareils de chauffage modernes.

Enfin nous aurons aussi à nous intéresser au chauffage électrique, une des plus récentes et des plus intéressantes assimilations de l'électricité à l'économie domestique.

Nous verrons dans quels cas particuliers le chauffage électrique commence à sortir du domaine de l'utopie et des dépenses de luxe pour devenir vraiment une application pratique, économique même, dirons-nous ; le vingtième siècle, dans lequel nous venons d'entrer, et la fée électricité, encore si peu connue, nous réservent bien des surprises, et dans quelques années nous la verrons certainement régner en maîtresse absolue chez nous, assurant notre éclairage et notre chauffage, cuisant nos aliments, faisant monter nos ascenseurs, se mêlant à tous les incidents de notre vie domestique, et devenue le seul et le véritable élément de notre existence matérielle et intellectuelle.

CHAPITRE II

QUELQUES NOTES TECHNIQUES

Avant d'étudier les méthodes diverses de chauffage, il est indispensable de donner brièvement quelques renseignements sur la nature et les propriétés de la chaleur.

Nous reconnaissons la chaleur par une sensation physique que nous exprimons en disant qu'un corps est chaud, ou qu'il est froid.

Nos sens nous permettent bien d'observer et même de graduer dans une certaine mesure la température d'un corps ; au toucher, nous sentons qu'il est brûlant, chaud, tiède ou froid, selon que sa température est plus ou moins élevée par rapport à celle du corps humain. Dans certaines industries, en métallurgie par exemple, la coloration que prennent certains métaux en fusion donne aux ouvriers une indication assez précise de leur température : on dit que le fer est blanc éblouissant, blanc-soudant, blanc, orangé clair ou foncé cerise, clair ou naissant, rouge sombre ou naissant, ce qui précise parfaitement sa température de 1500 à 525°. Mais, d'une manière générale, et surtout pour les températures relativement peu élevées, l'imperfection de nos sens ne nous permet pas d'évaluer la température exacte des corps.

Nous devons alors avoir recours à des instruments de mesure plus précis, qui sont nommés thermomètres.

Les thermomètres sont basés sur une des propriétés de la chaleur, qui consiste à les dilater. Lorsqu'on chauffe un corps solide, en effet, il se dilate, c'est-à-dire qu'il augmente de volume, jusqu'à une certaine température absolument fixe pour chaque corps, où il se liquéfie. Lorsqu'on chauffe un liquide, ou lorsqu'on continue à chauffer un solide déjà liquéfié, il augmente également de volume jusqu'à une autre température également invariable pour chaque corps où il se volatilise.

Or pour certains corps, et en particulier pour les liquides, le coefficient de dilatation entre certaines limites est suffisamment constant pour qu'on ait pu se servir de l'augmentation de longueur de ces corps pour mesurer l'accroissement de chaleur des autres corps.

Par exemple, si on enferme une certaine quantité de mercure ou d'alcool dans un tube à section intérieure très faible et très régulière sur une certaine longueur, fermé à une extrémité et terminé à l'autre extrémité par un réservoir cylindrique ou sphérique, on constitue un thermomètre.

Il suffit de plonger successivement ce thermomètre dans un liquide à des températures connues pour établir des points de repère, puis de diviser l'intervalle entre ces points de repère en un certain nombre de parties égales qui constituent l'échelle ou la graduation du thermomètre.

Les thermomètres français (1) sont gradués en degrés centigrades, de 0, point de congélation de l'eau, à 100°, température d'ébullition de l'eau.

Les thermomètres à mercure peuvent être utilisés de — 39° au-dessous de zéro, température de congélation du mercure, à + 350, température d'ébullition ; toutefois l'expérience a prouvé que la dilatation du mercure n'est régulière, c'est-à-dire sensiblement proportionnelle à l'élévation de température, qu'entre — 36° et + 100°, limites entre lesquelles on peut considérer comme exactes les indications de ce thermomètre.

Les thermomètres à alcool ne sont guère exacts que jusqu'à + 70°, température d'ébullition de l'alcool.

On retrouve encore sur certains thermomètres français la graduation en degrés Réaumur, autrefois employée, et conservée encore dans divers pays, notamment en Russie. Il est facile de traduire en degrés Réaumur les degrés centigrades, et réciproquement. Il suffit de se souvenir que le point zéro est le même dans les deux thermomètres, et que 80° Réaumur correspondent à 100° centigrades. Lorsqu'on a une température en degrés centigrades, 20° centigrades par exemple, il suffit donc de multiplier par $\frac{80}{100}$ ou 4/5 pour avoir la température en degrés Réaumur, soit $\frac{20 \times 4}{5} =$ 16° Réaumur. Inversement, si on a 20°

---

(1) L'invention des thermomètres date de 1597, et est attribuée à Galilée, à Drebbel, médecin hollandais, ou à Sanctorius, médecin vénitien.

En 1714, Fahrenheit, marchand allemand, fit un thermomètre à mercure, dans lequel il prit comme 0 la température la plus basse connue à ce moment, celle d'un mélange de sel ammoniac et de neige, et comme maximum la température d'ébullition de l'eau à la pression atmosphérique : il divisa ensuite l'intervalle en 212 parties égales, on ne sait pourquoi, et construisit un thermomètre encore en usage en Hollande, en Angleterre, aux États-Unis, et dans tous les pays soumis à l'influence britannique.

En 1724, Delisle fit un thermomètre à alcool, dans lequel il prit pour 0 la température d'ébullition de l'eau, et pour 100 la température absolument constante d'une des caves de l'Observatoire de Paris. Ce thermomètre, longtemps employé en Russie, est maintenant abandonné.

En 1731, Réaumur, physicien français, adopta comme 0 le point de congélation de l'eau, et comme 80° son point d'ébullition. Le thermomètre Réaumur est encore employé dans certains pays, et notamment en Russie.

En 1742, Celsius, physicien suédois, modifia le thermomètre Réaumur en appelant 0 le point d'ébullition de l'eau et 100° son point de congélation, et divisa l'intervalle en 100 parties égales.

Enfin peu après, le botaniste français Linné modifia ce thermomètre en appelant 0° le point de congélation et 100° le point d'ébullition de l'eau. Ce fut le thermomètre centigrade, employé aujourd'hui par la France et ses colonies, par toutes les puissances de l'Europe occidentale, et par les savants du monde entier dans leurs rapports scientifiques.

Réaumur, il suffit de multiplier par $\frac{5}{4}$ pour traduire en degrés centigrades, soit $\frac{20 \times 5}{4} = 25°$ centigrades.

En Angleterre, dans les colonies anglaises, aux Etats-Unis, et dans certains pays qui ont adopté les unités anglaises, on emploie le thermomètre Fahrenheit. Dans ce thermomètre, la graduation — 32° correspond au 0° centigrade, et la graduation + 212 correspond au 100° centigrade.

Pour traduire en degrés centigrades une indication donnée en degrés Fahrenheit, on commence par retrancher 32 et on multiplie par $\frac{100}{180} = \frac{5}{9}$. Par exemple, 68° Fahr. $= (68-32) \times \frac{5}{9} = 20°$ centigrades.

Inversement pour traduire en degrés Fahrenheit une indication donnée en degrés centigrades, on ajoute 32 et on multiplie par $\frac{9}{5}$. Par exemple, 23° cent. $= (23 + 32) \times \frac{9}{5} = 99°$ Fahrenheit.

Thermomètres à maxima et à minima. — Pour certaines observations, par exemple lorsqu'on a besoin de connaître la température la plus élevée ou la plus basse qui a existé dans une enceinte, dans une période de temps pendant laquelle on n'a pu rester près du thermomètre, on emploie des thermomètres dits à maxima et à minima.

Le plus employé est le thermomètre de Rutherford. Il se compose de deux thermomètres, l'un à alcool, l'autre à mercure, contenant chacun un petit index, et dont les tiges sont recourbées horizontalement sur une planchette portant les graduations.

L'index du thermomètre à mercure est en métal. Lorsque la température s'élève, le mercure se dilate et pousse devant lui l'index en métal. Celui-ci, avec lequel le métal n'a aucune adhérence, s'arrête quand le mercure cesse de se dilater, puis reste au point où il se trouve, c'est-à-dire au point maximum quand la température s'abaisse et que le mercure se contracte. Le thermomètre à mercure est donc un thermomètre à maxima.

L'index du thermomètre à alcool est en émail. Lorsqu'il est à l'extrémité de la colonne d'alcool, il est légèrement mouillé et suit le mouvement de l'alcool quand la température s'abaisse et que celui-ci se contracte. Mais si la température s'élève, l'alcool se contracte, passe par capillarité entre l'index et les parois du tube. L'index reste donc à sa place et marque la température la plus basse. Le thermomètre à alcool est donc un thermomètre à minima.

Thermomètres enregistreurs. — On emploie beaucoup, depuis quelques années, les thermomètres enregistreurs. Dans ces appareils le liquide dilatable est placé dans un récipient en métal hermétiquement clos, dont les parois sont extrêmement minces et déformables. La dilatation du liquide déforme le récipient, et la déformation se transmet par un système de tige et bielle à un petit levier terminé par une plume qui inscrit sur une feuille de papier, celle-ci étant placée sur un cylindre auquel un mécanisme d'horlogerie imprime un mouvement de rotation régulier. On comprend que si ce mouvement est réglé

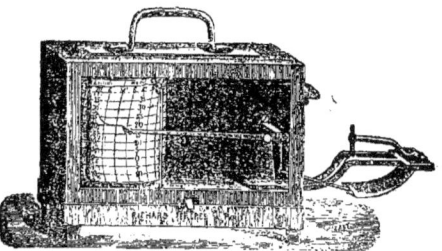

Thermomètre enregistreur J. Richard.

pour 8 jours, par exemple, et si le papier est lui-même réglé suivant des divisions égales correspondant aux jours et aux heures, le thermomètre indique d'une manière précise la température aux heures exactes du jour et de la semaine auxquelles correspond la feuille graduée.

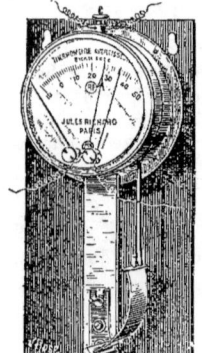

Thermomètre avertisseur J. Richard.

Thermomètres avertisseurs. — Avec le même principe d'un liquide enfermé dans une ampoule en métal écroui déformable, on peut construire des thermomètres indiquant la température au moyen d'une aiguille qui se déplace sur un cadran gradué.

Si on place sur ce cadran, au moyen d'aiguilles mobiles raccordées à un pôle d'une pile électrique, deux contacts, maxima et minima, et si on raccorde l'aiguille indicatrice à l'autre pôle de la pile, si on place des sonneries sur le circuit électrique, on constitue un thermomètre qui indiquera par une sonnerie une température quelconque, au-dessus ou au-dessous de laquelle on ne veut pas que l'atmosphère d'une salle s'élève ou s'abaisse.

Pyromètres. — Lorsqu'on veut mesurer des températures élevées, les thermomètres à liquides ne sont plus applicables, puisque les liquides se vaporisent. On utilise alors la dilatation des métaux pour construire des appareils nommés pyromètres. Si deux métaux sont soudés ensemble à une extrémité et que l'autre extrémité commande un système de bielles relié à une aiguille mobile sur un cadran gradué, comme les métaux ont un coefficient de dilatation différent, l'aiguille se déplace et permet de lire sur le cadran la température correspondante.

Ces appareils ne sont, du reste, pas très exacts, et comme le coefficient de dilatation des métaux varie avec le temps et avec le degré d'oxydation, on doit tenir les résultats comme seulement approximatifs.

On construit du reste des thermomètres enregistreurs, mais ces appareils sont principalement basés sur les différences de pressions des vapeurs de liquides enfermés dans des capsules très résistantes.

Unités de chaleur. — Les thermomètres et les pyromètres permettent de mesurer l'élévation de température que prennent les corps sous l'influence de la chaleur, mais ils n'indiquent pas la quantité de chaleur contenue dans ces corps pour une température donnée.

Pour arriver à connaître ce résultat, on est obligé de s'en rapporter à des calculs basés sur ce qu'on nomme la chaleur spécifique ou capacité calorifique des corps.

On appelle chaleur spécifique (1) d'un corps la quantité de chaleur nécessaire pour élever de 0 à 1° la température de l'unité de volume de corps.

---

(1) L'étude de la nature de la chaleur et de son équivalence mécanique s'appelle *thermodynamique*.

On croyait autrefois que la chaleur était un fluide impondérable, incoercible, nommé *calorique* et qui existait en quantité constante dans l'univers. Un corps était chaud ou froid suivant qu'il contenait peu ou beaucoup de calorique ; d'après la loi physique énoncée par Lavoisier : « Rien ne se perd, rien ne se crée », un corps ne pouvait acquérir du calorique, c'est-à-dire s'échauffer, qu'aux dépens d'un autre corps, qui se refroidissait. Pour expliquer certains phénomènes, dans lesquels certains corps changent d'état en absorbant une certaine quantité de chaleur impossible à mesurer par des appareils, on disait que la chaleur était devenue latente.

Ce fut la théorie de savants illustres, comme Lavoisier, Newton, Laplace, Gay-Lussac, etc.

Cette théorie est maintenant remplacée par celle de Bernouilli, dite thermodynamique, qui admet que les corps sont composés d'infiniment petits, ou molécules, animés de mouvements vibratoires extrêmement rapides. Un corps est d'autant plus chaud que ses mouvements vibratoires sont plus rapides ; lorsqu'ils devien-

On a pris comme unité la chaleur spécifique de l'eau, et on lui a donné le nom de *calorie*. Une calorie est la quantité de chaleur nécessaire pour élever de 0 à 1° la température d'un kilogramme d'eau.

On appelle quelquefois *petite calorie* la quantité de chaleur nécessaire pour élever de 0 à 1° la température de 1 gramme d'eau.

Les physiciens, et en particulier Regnault, Dulong et Petit, etc., ont établi par expérience, au moyen d'appareils de laboratoires très sensibles et nommés calorimètres, les chaleurs spécifiques des différents corps par rapport à l'eau, prise comme unité.

Connaissant le poids d'un corps et sa température, il suffit donc de multiplier le poids par le coefficient de chaleur spécifique et par la température en degrés pour connaître le nombre de calories que contient ce corps.

Fusion. — Lorsqu'on continue à chauffer un corps au delà d'une certaine température, absolument constante pour chaque corps, ses molécules se dissocient, le corps fond. Il absorbe à ce moment une quantité de chaleur qui devient insensible au thermomètre, et qu'on appelle chaleur latente de fusion. La chaleur latente de fusion est donc la quantité de calories nécessaires à 1 kilogramme de ce corps pour passer de l'état solide à l'état liquide.

Inversement, lorsque le corps liquide se solidifie, il abandonne une quantité égale de chaleur jusque-là insensible, et qui devient alors sensible au thermomètre.

Vaporisation. — Quand on continue à chauffer un corps fondu, sa température s'élève jusqu'à un autre point fixe, nommé point d'ébullition, invariable pour chaque corps, sous une même pression. Ses molécules se dissocient encore, et le corps se vaporise.

Il absorbe à ce moment une nouvelle quantité de chaleur qui devient insensible aux instruments de mesure, et qu'on appelle *chaleur latente de vaporisation*. Inversement, lorsqu'une vapeur se condense, c'est-à-dire se transforme en liquide, elle abandonne une quantité égale de chaleur latente, qui devient alors sensible.

La chaleur latente de vaporisation d'un corps est donc la quantité de calories qu'absorbe 1 kilogramme de ce corps pour passer de l'état liquide à l'état de vapeur.

Pour l'eau, ce chiffre est de 531 calories ; nous verrons plus loin que c'est cette propriété qui est utilisée en chauffage à vapeur.

La température à laquelle se produit l'ébullition, c'est-à-dire le point de vaporisation, est variable suivant la pression. Quand un liquide se vaporise, la force élastique, ou tension de sa vapeur, est égale à la pression que supporte le liquide,

---

nent trop rapides, l'équilibre est rompu, les molécules se dissocient, le corps fond ; si la vitesse des vibrations augmente, le corps se vaporise. Il y a donc un certain rapport entre le travail qui produit le mouvement des molécules, et la quantité de chaleur qui en résulte, c'est ce qu'on appelle l'équivalence de la chaleur et du travail.

Après les expériences de Newton, Rumford, Mongolfier, Seguin (1839), le docteur Mayer, d'Hulbronn (1842), Joule établit en 1843 que toute quantité de force vive qui disparaît en travail mécanique se reproduit en chaleur, et inversement.

C'est exactement l'explication de la méthode employée par les premiers hommes pour produire du feu. En frottant l'un contre l'autre 2 morceaux de bois, l'effort employé pour le frottement disparaît, le bois s'échauffe et finit par s'enflammer.

La formule de l'équivalence du travail et de la chaleur établie par Joule est la suivante :

$$T = QE,$$

dans laquelle

T = travail en kilogrammètres ;

Q = nombre de calories ;

E = équivalent mécanique de la chaleur, c'est-à-dire le nombre de calories équivalent à un kilogrammètre.

Joule a établi que $E = 424$.

Donc 1 calorie = 424 kilogrammètres.

et cette tension ou pression augmente de plus en plus à mesure que la température s'élève. On connaît à ce sujet les fameuses expériences faites avec la marmite de Denis Papin.

A une certaine pression de vapeur correspond donc une température toujours constante.

Manomètres. — La pression se mesure avec des instruments nommés *manomètres*. Les manomètres industriels ressemblent beaucoup aux thermomètres à cadrans, que nous avons déjà décrits.

La pression des vapeurs s'exerce soit directement, soit par l'intermédiaire d'un liquide à l'intérieur d'une capsule en métal écroui, qui se déforme, et fait mouvoir par sa déformation une aiguille sur un cadran gradué.

On construit des manomètres enregistreurs absolument semblables aux thermomètres enregistreurs dont nous avons précédemment parlé.

Hygrométrie. — Les vapeurs et les gaz se mélangent ; leur poids est égal à la somme du poids de gaz et du poids de vapeur à la température et sous la pression existante ; leur force élastique est égale à la somme des forces élastiques de chacun d'eux.

Pour une température et une pression données, il existe un maximum de poids de vapeur pouvant se mélanger à un gaz : c'est ce qu'on appelle la *saturation*.

L'hygrométrie a pour but de déterminer la quantité de vapeur d'eau contenue dans l'air atmosphérique.

L'air que nous respirons n'est jamais complètement privé d'humidité, c'est-à-dire de vapeur d'eau, il n'est jamais non plus complètement saturé, même pendant les brouillards les plus épais.

Il contient généralement plus d'humidité en été qu'en hiver, mais la tension de la vapeur contenue est à ce moment plus grande, parce que la température est plus élevée.

On appelle *état hygrométrique* de l'air le rapport de la quantité de vapeur d'eau qu'il contient au moment de l'expérience à la quantité qu'il contiendrait s'il était saturé sous la même pression et à la même température.

La mesure de l'état hygrométrique de l'air s'obtient au moyen d'appareils nommés *hygromètres*.

Ce sont des instruments en général assez délicats, généralement basés sur l'allongement ou les déformations que subissent certaines matières organiques, par exemple les cheveux, en présence de l'humidité. Le détail de ces appareils n'est pas intéressant, dans le cadre de la présente étude.

Modes de transmission de la chaleur. — L'étude de la transmission de la chaleur d'un corps à un autre, ou d'un corps à une enceinte dans laquelle il est placé, ou d'une enceinte dans l'atmosphère extérieure à travers les parois, est une question des plus importantes, et constitue la base fondamentale des questions de chauffage.

La chaleur se transmet de quatre manières différentes (Voir Ser, *Physique industrielle*), savoir :

1º Par *conductibilité* ou par *conduction*. Lorsqu'un corps chaud est en contact avec un corps froid, la chaleur du premier se répand dans le second jusqu'à ce que les deux corps soient également chauds. La transmission est plus ou moins rapide, selon que les corps sont *bons* ou *mauvais conducteurs* ;

2º Par *mélange*. Lorsque deux corps solides en poussières, ou deux liquides, ou un liquide et un gaz, ou deux gaz sont mélangés l'un avec l'autre, le mélange prend rapidement la température moyenne des deux corps. Par exemple en chauffage on mélange très souvent de l'air chaud et de l'air froid pour obtenir de l'air à une température donnée ; en hydrothérapie on mélange de l'eau chaude et de l'eau froide pour obtenir de l'eau mitigée à la température demandée ;

3° Par *convection*, d'un corps solide à un fluide, à un liquide ou à un gaz, les molécules du fluide se déplaçant au contact de la surface du solide, plus chaud ou plus froid ;

4° Par *radiation* ou *rayonnement*, le corps chaud semblant émettre dans tous les sens des rayons calorifiques, qui transportent au loin la chaleur à d'autres corps.

La convection et la radiation sont les deux modes de transmission de la chaleur utilisés au chauffage des habitations ; bien qu'ils soient différents, ils ont été généralement étudiés en même temps (1) parce qu'ils se produisent simultanément.

On considère dans les calculs de chauffage qu'un appareil doit fournir :

1° La quantité de chaleur nécessaire pour amener un local, un appartement, un édifice quelconque à une température déterminée, étant donnée une température intérieure minimum indiquée ;

2° La quantité de chaleur nécessaire pour maintenir cette température pendant une période de temps quelconque, une journée, par exemple, ou d'une manière continue si l'appareil fonctionne en marche ininterrompue, de jour et de nuit.

Si nous supposons, pour mieux nous faire comprendre, que le régime de température est établi dans le local chauffé, par exemple que celui-ci est à la température de $+18°$ lorsque la température extérieure est de $-7°$, comment pourrons-nous calculer la puissance de l'appareil de chauffage capable de maintenir ce régime ?

Il faudra que l'appareil fournisse une quantité de calories égale à celle perdue :

1° Par transmission à travers les parois (murs, cloisons, vitres, sols, plafonds) ;

2° Par la ventilation, c'est-à-dire par suite du volume d'air chaud qui sort de l'appartement (conduits d'aération, cheminées, ouvertures ou fissures des fenêtres et des portes) (2). Si l'appareil de chauffage fournit autant de chaleur que

---

(1) Newton a établi la loi suivante, qui est la base des calculs de chauffage :

« La quantité de chaleur transmise par un corps chaud à l'enceinte dans laquelle il se trouve est proportionnelle à l'excès de la température de la surface de ce corps sur celle de l'enceinte.

$$M = KS(t - \Theta)\tau \begin{cases} M \text{ quantité de calories transmises dans le temps } \tau ; \\ K \text{ coefficient variable suivant la nature du corps;} \\ S \text{ surface du corps chaud ;} \\ t \text{ température du corps chaud ;} \\ \Theta \text{ température de l'enceinte.} \end{cases}$$

Dans les calculs de chauffage, on prend toujours $\tau = 1$ heure, c'est-à-dire qu'on calcule les transmissions pendant l'unité de temps.

La formule devient alors $M = KS(t - \Theta)$.

Les physiciens Dulong, Petit, Péclet, etc., ont établi par des expériences les valeurs du coefficient K pour les différents corps et pour les différentes épaisseurs de ces corps.

(2) *Coefficients de transmission K employés dans les calculs de chauffage.*

	Coefficient K pour 1 mq de surface et pour 1° d'écart de température, pour les épaisseurs de													
	0 m. 06	0 m. 10	0 m. 20	0 m. 30	0 m. 40	0 m. 50	0 m. 60	0 m. 65	0 m. 70	0 m. 80	0 m. 90	1 m. 00	1 m. 75	2 m. 00
Mur en briques.	2,89	2,42	1,73	1,63	1,34	1,10	0,93	0,80	0,74	0,68	0,62	0,57		
Mur en pierres calcaires. .	3,53	3,24	2,70	2,61	2,30	2,02	1,73	1,69	1,61	1,50	1,34	1,24	1,15	0,83	0,80	0,67

Vitres simples, couvertes d'un rideau. 3
Vitres simples, nues. 4
Vitres doubles (2 épaisseurs séparées par une couche d'air) nues. 2
Plafond vitré, simple. 5
Plafond vitré, double. 2
Bois, de 0,03 d'épaisseur. 1,82
Toit en zinc, sur lattis jointif 2,12
Toit en tuiles, sur lattis ordinaire. 3,67

l'appartement en perd, on comprend facilement que la température de cet appartment restera constante. C'est le cas des appareils à fonctionnement continu, qui est de tous le plus intéressant.

Il peut être utile pourtant de calculer la puissance d'un appareil intermittent, c'est-à-dire d'un appareil qu'on allumera et chargera seulement le matin pour chauffer l'appartement, et qui ne fonctionnera pas pendant la nuit.

Le problème est beaucoup plus difficile à résoudre, et bien que les savantes commissions administratives et techniques chargées d'établir les programmes de chauffage des édifices nationaux ou municipaux aient la prétention de l'imposer dans leurs cahiers des charges, l'auteur doute fort qu'il soit possible d'y répondre d'une façon précise. Pendant la nuit, la chaleur de l'appartement s'est transmise à l'extérieur au travers des parois, par conductibilité, convection et radiation. Quelle sera la température à l'intérieur le matin ? Lorsqu'on commencera à chauffer, la chaleur intérieure se transmettra encore à travers les parois jusqu'à ce que le régime soit établi. Quelles seront pendant ce temps les variations de la température extérieure, quelle sera la direction des vents, avec quelle vitesse la transmission se fera-t-elle à travers les parois dans ces conditions ? Autant d'inconnues que les savantes commissions susnommées posent, mais qu'elles se gardent bien de résoudre, et pour cause. Ce n'est qu'approximativement, par comparaison avec des édifices similaires, par connaissance professionnelle, et aussi un peu au hasard que les constructeurs décident, pour répondre à un programme aussi insidieux, qu'ils augmenteront la surface de chauffe de leurs appareils de 10, 15, 20, 25 et même 30 %, c'est en jouant à pile ou face qu'ils feront leur choix, et l'heureux vainqueur du concours, lorsqu'il installera ses appareils, choisis presque au hasard, attendra en tremblant que la savante commission vienne faire ses expériences, et doctoralement décide qu'il a savamment calculé ses appareils, ou lui applique triomphalement une amende formidable si le hasard ne l'a pas bien servi. Et Messieurs les fonctionnaires de la savante commission, qui ont agité un problème dont ils n'ont qu'à juger la solution sans savoir s'il est soluble ou non, retournent triomphalement à leurs ronds de cuir après avoir une fois de plus sauvé l'honneur des savantes commissions et... ruiné le constructeur malheureux.

Les particuliers et les industriels, qui ne sont pas aussi savants, demanderont aux constructeurs d'installer des appareils un peu plus puissants qu'il ne serait strictement nécessaire, et verront ensuite par expérience s'il faut allumer les foyers une heure, deux heures ou plus avant l'occupation des locaux ; ils feront couvrir les feux, ou fermeront les robinets ou les bouches quand la chaleur demandée sera obtenue. Ce n'est pas, hélas ! la réalisation de l'économie du chauffage, mais c'est, en l'état actuel de la science, ce qu'on peut faire de mieux quand on n'a pas la possibilité d'installer un appareil de chauffage à fonctionnement continu.

La *transmission de l'air à l'air à travers une paroi à deux faces parallèles* a pour expression $M = KS(t-\theta)$, et le coefficient K pour les parois des habitations a les valeurs indiquées précédemment pour les différentes natures et épaisseurs des parois (1).

Carreaux de plâtre de 0,08 enduits sur chaque face.	1,72
Cloison en ciment armé de 0,06	3,50
Murs de 2 briques de 0,06 écartées l'une de l'autre 0,05	1.20
Briques de 0,11 avec peinture ou papier sur une face.	2,32
Sol (toujours supposé à + 10°)	1,82

Il est d'usage d'ajouter 2 à 3° pour les faces exposées au nord.

Pertes de chaleur dues à la ventilation :

La formule générale est $M = 0,307 \, V \, (t - \theta)$.

M = nombre de calories emportées par le volume d'air V en mètres cubes évacué par heure à la température t de la pièce chauffée et remplacé par de l'air pur à la température θ de l'extérieur.

0,307 = quantité de calories nécessaires pour élever de 1 degré la température de 1 mètre cube d'air.

(1) L'exemple ci-après fera mieux comprendre comment on peut calculer un appareil de chauffage.

Supposons qu'on demande de chauffer en régime continu à + 18° pour une température extérieure de — 7°

Cette formule suppose les deux fluides au repos. Si *l'un est en mouvement et l'autre au repos*, comme, par exemple, le cas des parois exposées aux grands vents, la transmission est augmentée, et il est d'usage de prévoir une plus-value de 3o à 5o %.

La *transmission à travers les parois cylindriques* est un peu différente, puisque la surface intérieure et la surface extérieure sont inégales. Toutefois, comme dans les questions de chauffage on n'a guère à considérer ce cas que pour les tuyaux métalliques, radiateurs, etc., où l'épaisseur de la matière est très réduite et le coefficient de conductibilité très important, la différence de surface est négligeable.

On augmente quelquefois la surface de radiation par des nervures ou ailettes fondues avec le cylindre, ou rapportées et mises en contact aussi parfait que possible avec le cylindre. La surface peut être ainsi augmentée de 1, 3 à 2, 5 fois, mais le coefficient de transmission diminue. D'après les expériences de Ser on augmente le coefficient de 1/3 en quadruplant la surface du cylindre par des nervures, et on l'augmente de 2/3 en décuplant la surface.

S'il y a de la vapeur d'un côté et de l'air de l'autre, le coefficient de transmission est doublé dans le premier cas, et quintuplé dans le second.

Lorsque *deux fluides en mouvement sont séparés par une paroi*, ce qui est une pièce d'appartement ayant 4 m. de longueur, 5 m. de largeur, 3 m. de hauteur, soit un volume de 60 m³, ventilée à raison de 100 m³ par heure, et dont les parois sont soumises aux conditions ci-après :

A Une face au nord, de 5 m. × 3 m., exposée aux grands vents, est en maçonnerie de pierres de taille de 0,50 d'épaisseur, et comporte une fenêtre à vitrage simple, munie de rideaux.
B Une face sur cour, de 4 m. × 3 m., est en briques de 0,22 d'épaisseur, avec une fenêtre de 1 m. 60 × 2 m. 50 munie de rideaux.
C Une face de 4 m. × 3 m., sur une antichambre supposée chauffée à 12°, en carreaux de plâtre de 0,08 enduits sur 2 faces et peints, avec une porte de 0,80 × 2 m. 00 en bois de 0,03 d'épaisseur.
D Une face de 5 m. × 3 m. sur une chambre supposée chauffée à 15°, en briques de 0,11 d'épaisseur, plus deux enduits et peinture, avec une porte en bois semblable à la précédente.
E Le plancher de 4 m. × 5 est sur terre-plein.
F Le plafond de 4 m. × 5 est sous zinc, avec lattis jointif, sauf un châssis vitré de 2 m. × 2 m.
G Le volume d'air renouvelé par heure est de 100 m³.

Si on applique les coefficients de transmission à travers les parois données précédemment, et la formule $M = KS(t - \Theta)$ on trouve

A Vitrage avec rideaux $1,6 \times 2,5 = 4$ mq. Ecart $18 + 7 + 3 = 28°$
 $M_1 = 3 \times 4 \times 28°$ . . . . 336 ⎫
 Mur de 0,50 en pierre $5 \times 3 -$ vitrage $= 11$ mq. Ecart $28°$ ⎪
 $M_2 = 1,79 \times 11 \times 28$ . . . . 551 ⎬ 1.330
 $M_3 =$ Majoration de 50 % pour exposition aux vents violents. . 443 ⎭
B Vitrage avec rideaux $1,6 \times 2,5 = 4$ mq. Ecart $18 + 7 = 25°$
 $M_4 = 3 \times 4 \times 25$. . . . . 300 ⎫
 Mur en briques de $0,22$ $4 \times 3 -$ vitres $= 8$ mq. Ecart $25°$ ⎬ 626
 $M_5 = 1,63 \times 8 \times 25$ . . . . 326 ⎭
C 1 porte en bois de 0,03 $0.8 \times 2 = 1$ mq. 6. Ecart $18 - 12 = 6°$
 $M_6 = 1,82 \times 1,6 \times 6$. . . . . 13 ⎫
 1 cloison carreaux de plâtre 4×3 moins porte $= 10$ mq. 40. Ecart $6°$ ⎬ 120
 $M_7 = 1,72 \times 10,4 \times 6$. . . . . 107 ⎭
D 1 porte en bois de 0,03 $0,8 \times 2 = 1,6$. Ecart $18 - 15 = 3°$
 $M_8 = 1,82 \times 1,6 \times 3$. . . . . 6 ⎫
 1 cloison en briques de 0,11 $5 \times 3 -$ porte $= 13$ mq. 4. Ecart $3°$ ⎬ 53
 $M_9 = 1,2 \times 13,4 \times 3 =$ . . . . 47 ⎭
E Planche sur terre-plein $5 \times 4 = 20$ mq. Ecart $18 - 10 = 8°$
 $M_{10} = 1,82 \times 20 \times 8 =$ 291   291
F Vitrage au plafond $2 \times 2 = 4$ mq. Ecart $18 + 7 + 3 = 28°$
 $M_{11} = 5 \times 4 \times 28 =$ . . . . 560 ⎫
 Zinc sur lattes jointes $5 \times 4 -$ vitrage $= 16$ mq. Ecart $28°$ ⎬ 1.510
 $M_{12} = 2,12 \times 16 \times 28 =$ . . . . 950 ⎭
G Ventilation Ecart $18 + 7 = 25°$
 $M_{13} = 0,307 \times 100$ m³ $\times 25$. 860   860

 Pertes de calories par heure. 4.790

Il faudra donc fournir pour le chauffage en régime continu 4.790 calories par heure à la pièce considérée pour maintenir sa température à $+18°$ lorsque la température sera $-7°$ à l'extérieur, et avec renouvellement d'air de 100 m³ par heure.

Si l'appareil de chauffage est discontinu, sa puissance devra être augmentée de 10 % à 50 %, suivant la rapidité avec laquelle on exigera la mise en marche le matin.

Nous allons maintenant voir comment on pourrait appliquer à cette pièce les diverses méthodes de chauffage.

1° *Chauffage par un poêle.*

Le poêle étant placé dans la pièce, qu'il chauffe par rayonnement, on appliquera la loi de transmission à le cas, par exemple, d'un calorifère à air chaud, des poêles ou radiateurs à eau chaude ou à vapeur placés en batteries dans des enveloppes, la transmission à travers la paroi est augmentée.

Si les *deux fluides sont en mouvement dans le même sens*, la transmission est très rapide à l'origine, quand l'écart de la température entre les deux fluides est très grand ; elle diminue à mesure que les températures se rapprochent l'une de l'autre, jusqu'au maximum où elles demeurent égales. Le rendement maximum est donc de 50 %, c'est-à-dire qu'au moins 50 % de la chaleur est perdue.

Si les *deux fluides sont en mouvement en sens contraire* le rendement est beaucoup plus considérable, et pourrait aller théoriquement jusqu'à 100 %. En pratique ce résultat ne peut être atteint, parce que d'une part le fluide qui se rechauffe sur la surface de chauffe se refroidit presque toujours partiellement tout au travers une paroi métallique, étant donné que dans le poêle les gaz chauds seront en mouvement et que l'atmosphère de la pièce restera ensiblement au repos.

Les expériences de Péclet ont établi que les coefficients de transmission par les tuyaux de poêles sont :

4,32 pour la tôle (neuve brillante).
10,55 pour la fonte.
4,64 pour la terre cuite.

D'autre part la température peut être admise à 1.000° au foyer, et l'expérience prouve que la fumée doit encore avoir au moins 200° pour que le tirage soit bon. La moyenne sera donc d'environ 600°.

D'après la formule $M = KS(t-\Theta)$.

Si $M = 4.790$,

K pour la fonte $= 10,55$
$t = 600°$) $t - \Theta = 582$
$\Theta = 18°$)

On en déduit que la surface d'un poêle en fonte devrait être de : $\frac{4.790}{10,55 \times 582} = 0$ mq. 823.

La surface d'un poêle en terre cuite serait : $\frac{4.790}{4,64 \times 582} = 1$ mq. 97.

2° *Chauffage par un calorifère à air chaud.*

Dans ce cas, le chauffage se faisant par une circulation d'air chauffé dans un calorifère, arrivant aux bouches à une température déterminée et s'évacuant à la température de 18° de la pièce, cette circulation se confond avec la ventilation, et on fait abstraction de celle-ci dans le calcul des pertes par les parois.

Le chiffre de calories à fournir doit donc être de $4.790 - 860 = 3.930$.

Si nous admettons que la température de l'air aux bouches de chaleur ne doit pas dépasser 80°, 1 mc. d'air arrivant à 80° et s'évacuant à 18° abandonnera $80 - 18 = 62°$, soit $62 \times 0,307 = 19.034$ calories.

Il faudra donc faire arriver aux bouches $\frac{3.930}{19.034} = 200$ mc. d'air à 80°, en chiffres ronds.

D'autre part ces 200 mc. seront pris à l'extérieur à $-7°$, et il faudra les élever à une température légèrement supérieure à 80° pour compenser les pertes en route par les parois des conduits d'air chaud avant l'arrivée aux bouches. Estimons donc à 90° l'élévation de température au calorifère.

Celui-ci devra fournir $0,307 \times 200$ mc. $\times 90° = 5.526$ calories, pour abandonner au local chauffé les 4.790 calories calculées.

Dans le calorifère, les gaz chauds circulent tantôt dans le même sens, tantôt en sens inverse de l'air qui circule au contact des parois des tuyauteries. Nous admettrons que les deux modes de transmission s'opèrent sur des surfaces égales dans les deux cas.

Nous supposerons encore, ce qui est le cas le plus général, que le rapport entre la quantité de charbon brûlé et la surface de chauffe est égal à 1. Dans ces conditions, d'après les calculs de Ser, le coefficient de transmission est de 2.953 quand les deux fluides circulent dans le même sens, et 3.853 quand ils circulent en sens inverse. Comme nous avons admis ci-dessus l'équivalence des surfaces de transmission dans les deux cas, nous prendrons le coefficient moyen $\frac{2.953 \times 3.853}{2} = 3.403$.

Et nous dirons que la surface de chauffe du calorifère doit être $\frac{5.526}{3.403} = 1$ mq. 62.

La quantité de houille brûlée sera $\frac{1,62}{1} = 1$ k. 6 par heure, ce qui fait un rendement de 3.400 calories par kgr. de charbon, chiffre qui n'est guère dépassé en calorifères à air chaud.

La combustion ne dépassera pas 50 kilogr. par mq. de grille et par heure, la surface de grille sera donc $\frac{1,6}{50} = 0$ mq. 032, ce qui correspond à un diamètre de 0,20 environ.

La section de la cheminée sera de 1/5 de celle de la grille, avec un minimum de $0,20 \times 0,20$ imposé par les règlements de police pour les tuyaux de fumée encastrés dans les murs.

La section de la prise d'air froid sera de 2 à 3 décimètres carrés pour 100 mc. d'air débité, soit environ 5 décimètres carrés ; celle du conduit d'air chaud et de la bouche de chaleur sera de 3 décim. carrés pour 100 mc., soit 6 dmq.

3° *Chauffage par l'eau chaude.*

Le calcul des appareils est basé sur la loi de transmission de l'eau à l'air à travers une paroi métallique.

1° Si on chauffe par un radiateur placé dans la pièce elle-même, le coefficient, d'après Ser, est de 9 camoins par la partie non en contact avec cette surface de chauffe, et que d'autre part certaines raisons particulières obligent à ne pas refroidir complètement l'autre fluide. Par exemple, si on constituait un calorifère théorique, dans lequel la circulation de l'air à chauffer se ferait en sens contraire de la circulation de la fumée, il faudrait laisser à cette fumée une certaine température pour assurer le tirage dans la cheminée, ce qui constitue une perte de chaleur inévitable.

Il y aurait bien lieu encore de calculer la pénétration de la chaleur dans l'intérieur des corps, pour savoir avec quelle rapidité les parois d'une pièce à chauffer, supposée à peu près à la même température que l'extérieur, se mettront à l'état de régime, mais c'est là un problème fort ardu, qui sort tout à fait du cadre des études générales de chauffages.

Une pièce ayant été chauffée jusqu'au soir, quelle température prendra-t-elle lories transmises par mètre carré de surface lisse de radiateur, et par degré de différence entre la pièce chauffée et la température de l'eau en circulation. On admet un coefficient égal aux 2/3, soit 6 calories si le radiateur est à ailettes.

Si on applique ces coefficients à la pièce considérée, qui nécessite 4.790 calories pour 18° de température constante, on trouve :

si la température de l'eau en circulation est de :	1 mq. de surface de chauffe rendra		La surface de chauffe du radiateur devra être	
	s'il s'agit d'un radiateur lisse	s'il s'agit d'un radiateur à ailettes	si le radiateur est lisse	si le radiateur est à ailettes
50°	288	192	1 mq 66	2 mq 49
60°	378	252	1 mq 27	1 mq 95
70°	468	312	1 mq 02	1 mq 59
80°	558	372	0 mq 86	1 mq 29
90°	648	432	0 mq 74	1 mq 11
100°	738	482	0 mq 65	0 mq 97

Le constructeur prendra la surface correspondante à la température de l'eau au radiateur, étant donné que l'eau doit partir de la chaudière à une température un peu inférieure à celle de l'ébullition, et y revient vers 40 à 50°.

2° *S'il s'agit d'un chauffage indirect*, par circulation d'air chauffé sur une batterie d'eau chaude placée dans une enveloppe, le problème se ramènera sensiblement à celui du calorifère à air chaud.

La température de l'air chaud ne dépassera guère pratiquement 45° aux bouches de chaleur, soit 50° à la batterie.

Calories abandonnées par 1 mc. d'air de 45 à 18° : $0,307 \times 27° = 8,29$.

Volume d'air à faire circuler : $\frac{3.930}{8,29} = 474$ mc.

Calories à fournir à cet air pour l'amener de -7 à $+50° = 474 \times 0,307 \times 57 = 8.295$.

La circulation de l'eau chaude et celle de l'air chaud se faisant en sens inverse, l'eau arrivant à 95° pourra sortir à 55°, soit une moyenne de 70° et une perte de 40° utilisée au chauffage.

Il faudra donc faire passer $\frac{8.295}{40} = 207$ litres 4 d'eau par heure.

La température moyenne de l'air entre -7 et $+50°$ sera 28° 5, soit avec l'eau un écart de $70 - 28,5 = 41°5$.

Si la batterie est en tuyau lisse, 1 mq. rendra $9 \times 41,5 = 373,5$ calories, la surface de la batterie devra être de $\frac{8.295}{373,5} = 24$ mq.

Si la batterie est à ailettes, 1 mq. rendra $9 \times \frac{2}{3} \times 41,5 = 249$ calories, la surface de la batterie sera de $\frac{8.295}{249} = 36$ mq.

On calculera la chaudière à raison de 10 à 15.000 calories par mètre carré de surface de chauffe, soit $\frac{8.295}{15.000} = 0$ mq. 55 environ.

La grille devra brûler au maximum de 40 à 50 kgr. de charbon par mètre carré, et si on marche avec de l'anthracite anglais, le rendement sera d'au moins 4.500 calories par kilogr. d'anthracite consommé.

4° *Chauffage par la vapeur.*

Le calcul d'un chauffage à vapeur est basé exactement sur le même principe, mais la température de la vapeur étant plus élevé le rendement des radiateurs est plus grand et par suite leur surface de chauffe est moindre.

D'après Ser, le coefficient de transmission est de 11,44 calories par heure et par degré de différence de et quelle température prendront ses parois si on laisse passer la nuit sans la chauffer ?

Et quand le lendemain matin on recommencera le chauffage, quelle quantité de calories faudra-t-il fournir pour ramener le régime de température dans le local en un temps donné ?

C'est ce que l'on appelle connaître l'*inertie calorifique* d'un local, mais l'auteur estime qu'on ne peut l'établir que par expérience. Et quand les savantes commissions posent ce délicat problème dans un cahier des charges, il s'incline respectueusement devant la haute science des savantes commissions, et avoue, bien respectueusement, qu'il est, comme les constructeurs, incapable de le résoudre, et qu'il laisse au dieu hasard le soin de le guider dans l'appréciation qu'il fait par la savante méthode de l'œil.

Nous aurons du reste l'occasion d'appliquer à nouveau ces théories dans l'examen des méthodes de chauffage que nous examinerons dans les chapitres suivants.

CHAPITRE III

MÉTHODES POPULAIRES DE CHAUFFAGE. LES CHEMINÉES, LES POÊLES.

Nous avons vu dans le chapitre II par quelles évolutions successives avait passé l'antique foyer de nos ancêtres avant d'arriver à la grande cheminée ouverte, qu'on retrouve encore dans les vieilles maisons de nos campagnes, et

température entre l'air de l'enceinte chauffée et la vapeur en circulation, pour le cas des radiateurs lisses, et des 2/3 de ce chiffre pour les radiateurs à ailettes.

Avec de la vapeur à basse pression, environ 102°, et une enceinte à 18°, soit un écart de 84°, le rendement sera donc :

Radiateurs lisses : $11,44 \times 84 = 961$ calories par mq. et par heure.
Radiateurs à ailettes : $11,44 \times 2/3 \times 84 = 641$ calories par mq. et par heure.

Si on chauffe par radiateurs apparents le local considéré ci-dessus, il faudra un radiateur lisse de $\frac{4.790}{961} = 5$ mq. environ, ou un radiateur à ailettes de $\frac{4.790}{641} = 7$ mq. 50 environ.

La chaleur latente de condensation étant 537 calories, le radiateur condensera $\frac{4.790}{537} = 9$ kgr. de vapeur environ.

La chaudière repoussera au moins 15 kgr. d'eau par mq. de surface de chauffage ; sa surface sera donc $\frac{9}{15} = 0$ mq. 60.

Son rendement sera d'au moins 4.500 calories par kgr. d'anthracite consommé, elle brûlera donc par heure $\frac{4.790}{4.500} = 1$ k. 06.

Elle ne devra pas consommer en marche continue, pour éviter la production du mâchefer, plus de 30 kgr. par mq. de grille. Sa grille aura donc une surface de $\frac{1,06}{30} = 0$ mq. 035.

La section de sa cheminée sera au moins 1/5 de celle de la grille, avec un minimum de $0,20 \times 0,20$.

Si on chauffe par batterie dissimulée, le calcul se fera comme précédemment.

Température de l'air à la batterie, 60° ; aux bouches, 55°.

Volume d'air à faire circuler $\frac{3\,030}{0,307\,(55-18)} = 246$ m³.

Calories à fournir par la batterie, $0,307 \times 346 \times (60+7) = 7.117$.

Température moyenne de l'air dans la batterie $\frac{60 \times 7}{2} = 33°5$.

Différence avec la température de la vapeur $102 - 33,5 = 68°5$.

Rendement de la batterie { lisse $11,44 \times 68,5 = 784$ calories par mq.
à ailettes $11,44 \times 2/3 \times 68,5 = 522$ calories par mq.

Surface nécessaire pour la batterie : lisse $\frac{7.117}{784} = 9$ mq. 1 ; — à ailettes $\frac{7.117}{522} = 13$ mq. 64.

Poids de vapeur à fournir $\frac{7.117}{537} = 13$ k. 15. Surface de chaudière $\frac{13,15}{15} = 0$ mq. 9.

Poids d'anthracite à brûler $\frac{7.117}{4.500} = 1$ k. 58. Surface de grille $\frac{1,58}{30} = 0$ mq. 053

qui pouvait servir de refuge en hiver à une douzaine de personnes rangées autour d'elle, pendant les joyeuses veillées, en même temps que l'eau chauffait doucement dans un chaudron suspendu par une crémaillère au-dessus du brasier.

Que de doux souvenirs des aventures de nos grand-pères, que de douces caresses données par nos grand'mères autour de ces joyeux feux nous rappellent ces grandes cheminées, qui existent encore en Beauce, dans l'Anjou, dans la Bretagne, dans la Vendée et dans nombre d'autres vieilles maisons de nos campagnes.

Hélas, dans nos villes l'espace est plus mesuré, le bois coûte trop cher, nous sommes plus raffinés et plus sensibles au froid, il a fallu trouver mieux.

Au commencement de ce siècle, Rhumford le premier inventa les rétrécissements, et créa les cheminées qui portent son nom, et qui, ornées de plaques de fonte reproduites des modèles anciens ou revêtues de moulures modernes font encore l'ornement des grandes salles de nos châteaux et des grands hôtels princiers.

Lhomond, un peu plus tard, ajouta un châssis à rideau, et la cheminée devint ce qu'elle est encore aujourd'hui.

Piètres instruments de chauffage, du reste, ces pauvres cheminées laissent évacuer dans le tuyau de fumée la plus grande partie de la chaleur produite par le combustible, et ne chauffent guère que par rayonnement. Mais si on les considère comme appareils de luxe, destinées à donner un léger appoint de chaleur dans les pièces déjà chauffées par un autre système, nous devons reconnaître que la vue de la flamme égaie la vue, et que nous nous sommes souvent senti réconfortés en tisonnant nos cheminées quand la neige tombe à l'extérieur, ou que la gelée constelle nos fenêtres de ses délicats cristaux.

Tout ce que nous devons demander à nos cheminées, c'est de ne pas fumer, ni au moment de l'allumage, ni quand le vent tend à rabattre la fumée dans le conduit de cheminée, ni quand le soleil dardant ses rayons sur l'ouverture de sortie à la toiture, tend à détruire la force ascensionnelle des gaz chauds.

Comment doit donc être construite une cheminée pour ne pas fumer ? C'est l'A B C du métier, mais combien de nos fumistes l'ignorent, et combien de nos architectes négligent les proportions nécessaires entre les sections des tuyaux de fumée, celles des ouvertures de cheminées, et celles des ventouses (1).

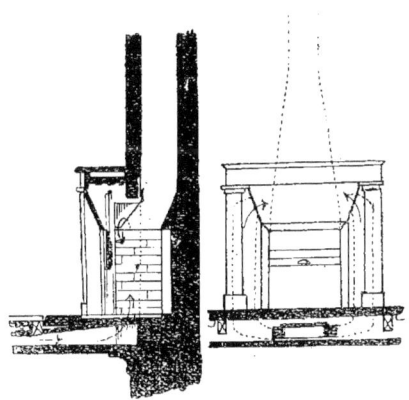

Cheminée à la Rhumford.

Combien même oublient la nécessité des ventouses ! La cheminée doit être raccordée avec son tuyau de fumée par une hotte, inclinée à 30° sur la verticale.

---

(1) L'arrêté du préfet de la Seine du 22 juin 1904, précédemment cité, rend obligatoire dans Paris l'établissement des ventouses pour les cheminées.

§ 5, art. 39. Les cheminées d'appartements seront munies d'une ventouse d'une section suffisante pour l'amenée de l'air extérieur. La section libre de cette prise d'air sera d'au moins 1 décimètre carré et demi. Les appareils de chauffage (cheminées d'appartements, poêles, calorifères, etc.) doivent être construits ou installés de telle façon qu'il ne s'en dégage, à l'intérieur des pièces habitées, ni fumées, ni poussières, ni aucun gaz pouvant compromettre la santé des habitants de l'immeuble ou des maisons voisines.

L'arrêté du préfet de police, en date du 1er septembre 1897, stipule que les conduits de fumée doivent avoir une section minimum de 20 × 20, ils peuvent être de section ronde, carrée ou rectangulaire. Dans ce dernier cas, la plus grande dimension du rectangle ne peut être plus grande qu'une fois 1/2 la plus petite. Par exemple 20 × 30, 30 × 45, 40 × 60, etc.

Le tuyau de fumée doit avoir une section minimum 20 × 20, et au moins égale au 1/12 de la section du marbre de la cheminée.

La ventouse doit avoir une section libre égale au moins à la moitié de celle du conduit de fumée.

L'air doit monter entre les chambranles et les rétrécissements. Pour les cheminées à la Rhumford, il doit sortir tout autour de la cheminée. verticalement sur les côtés et horizontalement en haut ; il doit sortir pour ces cheminées comme pour les cheminées à rideau, entre le soubassement et l'arrière soubassement. De cette manière, l'entrée de la cheminée est entourée d'une nappe d'air appelée par le tirage, et formant un écran qui empêche la fumée de se rabattre dans la pièce. Si on a soin de placer un arrière-soubassement presque vertical ou au moins à 20° avec la verticale, si les goussets sont bien établis pour favoriser un engouffrement de la fumée et de l'air dans la hotte se raccordant au conduit vertical, la cheminée ne fumera pas.

Quand les dimensions des murs ne permettent pas de construire des conduits de fumée de section assez grande pour les cheminées à la Rhumford. la cheminée à la Lhomond seule peut être installée. Dans ce cas, on compense le défaut de section par un tablier mobile, nommé châssis à rideau, qui, au moyen de crémaillères latérales ou de contrepoids, peut s'abaisser pour diminuer l'ouverture de la cheminée au moment de l'allumage, pour ramener la section de cette ouverture à la proportion précédemment indiquée avec celle du tuyau de fumée pour que la cheminée ne fume pas. On peut encore améliorer son tirage en plaçant à l'extérieur, sur le toit, des chapeaux en terre cuite ou en tôle galvanisée, soit fixés. soit munis de girouettes ou de dispositions judicieusement établies pour assurer un tirage constant, quelle que soit la direction et l'intensité des vents.

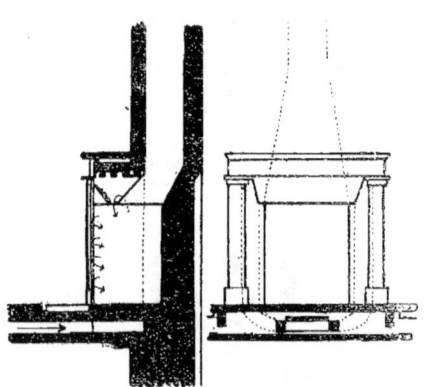

Cheminée à la Lhomond.

Les cheminées ainsi construites ne pourraient permettre que l'emploi du bois, combustible fort onéreux, qui viendrait grever les modestes budgets dans des proportions inadmissibles.

Dans les grands hôtels particuliers, dans les châteaux ou les propriétés boisées seuls on peut admettre ce luxe.

N'oublions pas, toutefois, que c'est encore le combustible en honneur dans nos ministères et nos établissements de l'Etat. Et ce n'est pas un des moindres étonnements des bons contribuables français, que de voir, au commencement de chaque hiver, les monstrueux approvisionnements de bois qui s'empilent dans les cours des ministères, et qui, consciencieusement sciés par de modestes artisans, en courtes bûches, sont descendus à dos d'hommes dans les caves pour être ensuite brûlés l'hiver dans les cheminées des Administrations que l'Europe nous envie !

Sommes-nous assez riches, en France, pour payer ce combustible de luxe à nos fonctionnaires !

Il a pourtant fallu, pour les budgets moins nettement dotés, trouver des dispositions qui permettent, à défaut de mieux, de brûler des combustibles moins chers, de la houille, du coke, des agglomérés, briquettes, boulets, etc., dans les cheminées dont sont pourvus chez nous les plus modestes logements.

Les grilles en fonte, convenablement chargées de charbon, boulets, cendres mouillées, etc., donnent des feux qui brûlent lentement, en répandant une douce chaleur, et sont relativement économiques.

Hélas ! que de calories s'en vont encore avec la fumée dans ces appareils.

Il y a une vingtaine d'années et peut-être plus, Michel Perret inventa une disposition fort simple et fort ingénieuse qu'il nomma *cheminée rayonnante* et qui, en raison du peu de frais de son installation, gagnerait à être connue, et appliquée, car elle donne des résultats vraiment remarquables.

Il suffit d'aménager latéralement et dans le fond de la cheminée trois dalles réfractaires, recouvertes par une 4ᵉ dalle inclinée, placée à la partie haute, près de l'arrivée de la ventouse au raccordement avec la hotte du conduit de fumée. Lorsque le feu sur la grille est convenablement allumé, les dalles réfractaires s'échauffent, et l'intensité du rayonnement est considérable. La transformation d'une cheminée ordinaire en cheminée rayonnante ne coûte pas plus de 20 à 25 francs.

Cheminée rayonnante.

De nombreuses dispositions, plus ou moins simples ou ornées, ont été inventées pour placer dans les cheminées, sur le parcours des gaz chauds, des coffres en tôle ou en fonte, utilisant la chaleur perdue par les cheminées. Une prise d'air extérieur amène de l'air dans ces coffres où il s'échauffe, pour être distribué par 2 bouches de chaleur sur les côtés de la cheminée.

Grille dans une cheminée.

L'appareil Fondet est la disposition la plus connue de ce genre. Malheureusement ces appareils placés en plein feu se détruisent rapidement, se fissurent, et laissent toujours passer un air extrêmement desséché, et bientôt mélangé de fumée. Tous ces appareils sont plutôt mauvais.

Cheminée avec appareil Fondet.

En résumé, les cheminées, quelque perfectionnées qu'elles soient, sont toujours des appareils de chauffage aussi peu économiques que possible, et qui n'utilisent jamais plus de 15 à 20 % de la chaleur du combustible.

* *

Poêles. — Les poêles sont des appareils placés dans les pièces à chauffer et composés d'un foyer recevant le combustible, avec quelquefois des coffrages où circule la fumée avant son passage à la cheminée, le tout placé dans une enveloppe en tôle, fonte, cuivre, terre cuite, faïence, etc.

On peut diviser les poêles en 2 catégories, selon qu'ils sont disposés pour chauffer uniquement par rayonnement de leurs parois, ou qu'ils sont établis pour qu'une circulation d'air se fasse à l'intérieur, entre l'enveloppe et le foyer et ses surfaces complémentaires, avec émission d'air chaud à la partie haute.

Des milliers de dispositions de ces appareils existent, et nous n'avons pas la prétention de les décrire en détail. Nous pouvons dire toutefois qu'au point de vue calorifique ces appareils utilisent de 40 à 60 % des calories du charbon, ce qui est un excellent résultat, mais qu'en général ils sont assez peu hygiéniques.

L'air se surchauffe et se dessèche à leur contact, les produits de la combustion s'y mélangent par les nombreuses fissures qui s'établissent rapidement, et nous connaissons tous les migraines, maux de têtes, lourdeurs, etc., occasionnés par la chaleur des poêles ! Et pourtant, Paris, Ville-Lumière, n'a pas d'autre système de chauffage pour nombre de ses édifices, en particulier pour ses écoles. Les groupes scolaires les plus récents, ceux mêmes en cours de construction, sont généreusement dotés, sur l'initiative éclairée du service d'Architecture, de ces merveilleux et modernes appareils de chauffage, qui congestionnent et anémient nos enfants.

Quelques-uns d'entre eux sont munis d'un saturateur, sorte de bassin destiné à recevoir de l'eau qui en s'évaporant lentement doit donner à l'air l'humidité demandée pour un état hygrométrique satisfaisant. Combien de fois a-t-on mis de l'eau dans ces saturateurs, avant qu'un oubli du garçon de service ait eu comme conséquence la rupture des soudures de l'appareil, qui ne sera ensuite jamais réparé.

Oserons-nous parler des poêles d'école à fonctionnement dit continu ! Le foyer est très haut, et contient une grande masse de combustible que l'on met en une seule fois pour simplifier le service. Le charbon joyeusement distille et l'oxyde de carbone en proportions invraisemblables filtre par les portes, les joints de l'appareil, les emboîtements de ses tuyaux de fumée, et se répand dans les salles des classes !

N'existe-t-il pas à Paris une commission d'hygiène qui pourrait mettre en rapport le service central des architectes de la Ville avec une autre commission qui s'informerait timidement des progrès accomplis par les méthodes de chauffage depuis Louis XIV, et supprimerait ces poêles ruineux pour la santé des enfants et pour les deniers des contribuables ?

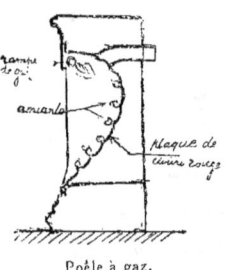

Poêle à gaz.

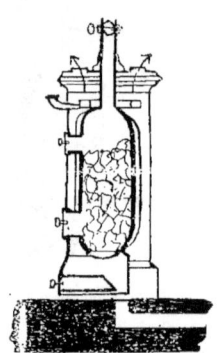

Poêle d'école à feu continu.

La disposition la plus simple est le poêle de corps de garde. Qui de nous ne connaît ce poêle, en usage encore dans les casernes, et composé simplement de 2 cloches, l'une recevant la grille et servant de cendrier, l'autre renversée par dessus, et supportant le tuyau de fumée. On peut supposer, rien qu'à l'aspect de ses joints, combien cet appareil porté au rouge dès qu'il est en service, peut être incommode par son rayonnement brutal, et malsain.

Certains bureaux sont encore munis d'un poêle en terre réfractaire, dit poêle français, qui serait plus hygiénique puisque ses parois ne peuvent être portées à aussi haute température que celles en fonte et en tôle ; malheureusement elles sont très friables, se rompent rapidement, et doivent être souvent remplacées.

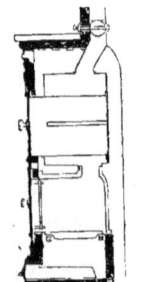

Poêle de salle à manger.

On emploie encore fréquemment dans les appartements les poêles dits de salle à manger, composés d'un foyer en fonte, et d'un coffre en tôle formant circulation de fumée et renfermant un chauffe-assiettes, le tout renfermé dans une enveloppe en faïence blanche ou de couleur, maintenue par des cercles en cuivre. Quelquefois la faïence est remplacée par de la fonte, peinte ou bronzée. Une prise d'air extérieure amène l'air frais

Poêle de corps de garde.

qui s'échauffe en montant au contact du foyer et du coffre, et sort dans la pièce par des bouches de chaleur. Ces poêles possèdent tous les avantages et les inconvénients de ceux précédemment décrits.

Poêles à feu continu. — Depuis une quinzaine d'années, on a inventé par centaines des poêles dits à fonctionnement continu, des formes les plus diverses, cylindriques, rectangulaires, pour être placés devant les cheminées ou introduits dans leurs ouvertures, et munis en général de plaques de foyer en mica laissant le feu visible pour l'agrément de la vue.

Quels que soient leurs noms, Dalamand, Cadé, Radieux, Parisienne, etc., ces appareils ont pour caractéristique un magasin de combustible recevant le charbon pour une durée de 12 à 24 heures, et une grille disposée pour la combustion lente de ce combustible. Cette grille est mobile, et une poignée permet de la secouer périodiquement pour faire tomber les cendres dans le cendrier. Une prise d'air réglable est placée en façade sur la porte du cendrier pour régler la combustion en proportion de la quantité de chaleur désirée ; une ouverture réservée sur la plaque obturant la cheminée permet une entrée d'air dans le tuyau de fumée qui règle automatiquement le tirage.

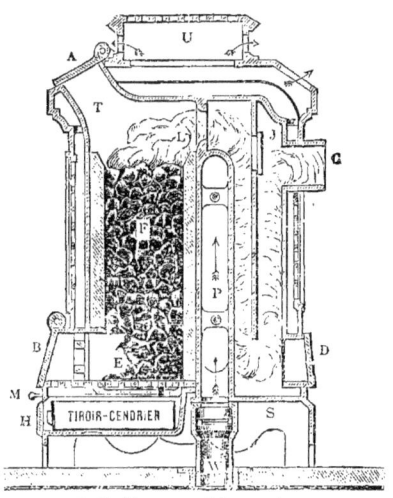

Poêle MUSGRAVE à feu continu.

Le plus souvent ces appareils sont montés sur roulettes pour être transportés facilement d'une pièce dans une autre.

Tous ces appareils, destinés à la combustion de charbon maigre, dont l'anthracite est l'idéal, dégagent en proportion considérable de l'oxyde de carbone, parce que la combustion se produit avec une quantité d'air insuffisante par suite du réglage.

Si le tirage de la cheminée est très bon, s'il n'existe dans cette cheminée aucune fissure le mettant en communication avec les cheminées voisines des appartements supérieurs ou inférieurs, il n'y a pas grand danger à se servir des appareils à combustion lente. Mais les nombreux cas souvent mortels d'accidents dus à ces appareils doivent nécessiter une prudence excessive dans leur emploi (1). Et si, par raison d'économie, nous sommes amenés à tolérer des poêles à combustion lente dans nos salles à manger, salons, bureaux, où nous ne séjournons que peu de temps, et dont nous pouvons fréquemment renouveler l'atmosphère par

Poêle BESSON.

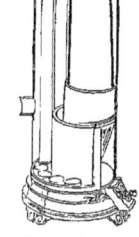

Poêle BESSON.

---

(1) 1 kgr. de charbon qui brûle en oxyde de carbone dégage . 2.400 calories.
   Plus 2^{k}33 d'oxyde de carbone qui contiennent 2.400
   calories par kgr., soit. . . . . 5.592 calories perdues dans la cheminée
                                    Ensemble. . . 7.992 calories.
On perd donc les 3/4 de la puissance calorifique du charbon lorsque la combustion se fait uniquement en oxyde de carbone.
Il suffit d'une très faible quantité, 1/250 d'oxyde de carbone dans l'air respiré pour amener des accidents mortels. (Expériences de M. le professeur Gréhant.)

l'ouverture des fenêtres, l'emploi doit en être absolument proscrit dans nos chambres à coucher, où l'asphyxie succéderait rapidement au sommeil ! Encore ne sommes-nous jamais assurés, si aucun danger n'existe pour nous, que nous ne risquons pas d'asphyxier nos voisins par les communications qui existent souvent entre les tuyaux de fumée accolés de nos appartements.

Poêles à gaz. — Le gaz d'éclairage est un combustible très riche, qui contient en général 6.000 à 6.500 calories par mètre cube, ou 10 à 11.000 calories par kgr. (1).

Lorsque sa combustion n'est pas gênée, elle donne en général comme produits de la vapeur d'eau, de l'acide carbonique et de l'azote. Toutefois les expériences du professeur Gréhant ont démontré que lorsque la combustion est gênée, comme dans les appareils à incandescence ou les radiateurs, il peut être produit de l'oxyde de carbone en proportion dangereuse et des traces assez sensibles d'acétylène. Le danger le plus important de son emploi réside dans l'allumage, qui doit être fait avec les plus grandes précautions, pour éviter l'écoulement prématuré de gaz qui produirait un mélange détonant. Presque tous les appareils sont munis d'un petit bec dit allumeur, qui supprime ce danger.

La disposition la plus simple consiste en une rampe placée à l'intérieur d'une enveloppe cylindrique en forme de poêle. Les produits de la combustion vont directement à la cheminée, et le poêle chauffe par rayonnement et par circulation d'air.

Une disposition très connue est celle de la cheminée rayonnante. Le gaz arrive derrière une plaque galbée en cuivre rouge poli, percée de petits trous sous forme de rampes (2).

Poêle à pétrole de la Société La Flamme Bleue brûlant intégralement les hydrocarbures.

Quelquefois on ajoute des fragments d'amiante, en forme de mèches, ou on constitue des bûches artificielles imitant le bois et couvertes d'amiante. Celui-ci devient rapidement incandescent et chauffe par rayonnement.

Enfin nous pouvons citer encore les radiateurs Clamond, composés de tubes en terre réfractaire, percés de trous. Le gaz et l'air en proportion convenable arrivent dans ces tubes et sortent par les petits trous où se produit la combustion. La combustion est complète, ainsi que l'ont prouvé les expériences de M. Ogier, chef du Laboratoire de toxicologie de la préfecture de police, par suite de l'excès d'air et d'oxygène. Le rayonnement des tubes réfractaires portés au rouge est considérable, et le chauffage très rapide et très puissant.

Poêles à pétrole. Poêles à alcool. — Nous dirons seulement quelques mots de ces appareils, qui ne sont autre chose que de grosses lampes à pétrole ou à alcool, placées dans des enveloppes en tôle ou en cuivre, qui chauffent par rayonnement.

Les appareils à gaz, à pétrole ou à alcool sont surtout destinés à échauffer rapidement de petits locaux, occupés momentanément quelques heures par jour. Les derniers surtout, qui ont l'inconvénient d'être assez délicats à régler, et de dégager des odeurs extrêmement désagréables, principalement ceux à pétrole quand ils sont mal réglés, ne nous semblent guère susceptibles que d'applications très restreintes, dans des cas tout à fait particuliers.

---

(1) Composition moyenne du gaz d'éclairage d'après J. Denfer.   Poids dans 1 m³.

Hydrogène protocarboné.	0ᵏ429
— bicarboné.	0.025
Oxyde de carbone.	0.088
Hydrogène.	0.019
Azote	0.050
Total	0ᵏ611

(2) Voir figure, page 22.

CHAPITRE IV

MÉTHODES DE CHAUFFAGE CENTRAL.

Calorifères à air chaud. — Nous avons vu précédemment, chapitre II, comment on calcule un calorifère à air chaud, les proportions de sa grille, de sa surface de chauffe, de la prise d'air, des conduits et bouches de chaleur.

Un calorifère à air chaud comprend essentiellement :
1° Le foyer proprement dit ;
2° La surface de chauffe ou circulation de fumée ;
3° L'enveloppe en maçonnerie, formant chambre froide à la partie inférieure,

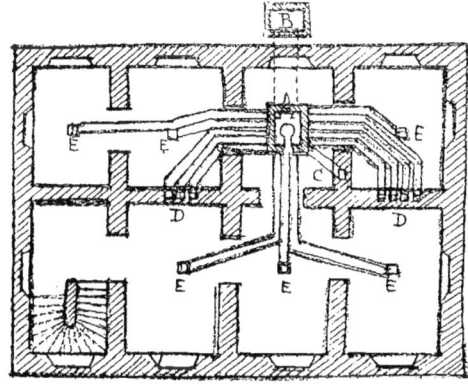

Théorie du calorifère à air chaud.

Calorifère à Air Chaud
A Calorifère
B Prise d'air
C Cheminée
D Conduits d'air chaud pour les étages
E -d°.- pour le Rez de Chaussée

chambre de chaleur et quelquefois chambre de mélange à la partie haute;
4° La prise d'air, canal en maçonnerie qui va chercher l'air en un endroit aussi pur que possible, et l'amène jusqu'à la chambre froide du calorifère ;
5° Les conduits d'air chaud, qui partent de la chambre de chaleur et vont en pente ascendante légère jusqu'aux conduits verticaux réservés dans l'épaisseur des murs pour aboutir aux bouches de distribution du rez-de-chaussée et des étages.

La prise d'air se construit généralement en maçonnerie dans le sol. On lui donne une section de 2 à 3 décimètres carrés par 100 m^3 chauffés, ce qui correspond à une vitesse de 2 à 3 mètres par seconde pour l'air en circulation.

On dispose quelquefois à l'origine un filtre à air généralement composé d'une feuille de molleton, ou toile à sac placée sur un châssis en fil de fer grillagé. Dans ce cas on augmente considérablement la surface du filtre, pour compenser la résistance au passage de l'air à travers l'étoffe. On compte pour cette surface une vitesse de 0^{m}10 à 0^{m}20 par seconde.

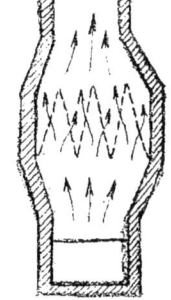

Filtre à air.

Par exemple, on peut disposer le filtre en zigzags pour augmenter la surface sous un encombrement aussi réduit que possible.

Les conduits de chaleur sont le plus souvent construits en boisseaux de terre cuite dont on fabrique dans le commerce une dizaine de modèles de sections différentes et de 1/4 ou 1/3 de mètre de longueur. On commence par sceller dans le plafond des colliers en fer plat, qui supportent des cornières d'angles et des fers plats intermédiaires, dont on règle la pente avec un minimum de 3 centimètres par mètre. On pose ensuite les boisseaux, dont on calfeutre soigneusement les joints, et qu'on entoure d'un enduit en plâtre de 3 à 5 centimètres de longueur.

On construit quelquefois les conduits de chaleur en tôle galvanisée, et on dispose les tuyaux dans une double enveloppe en briques ou briquettes, elles-mêmes enduites extérieurement en plâtre.

Chaque conduit est muni à l'origine, près du calorifère ou au pied de la colonne verticale ascendante, d'une soupape de réglage, simple clef à papillon, en tôle, avec poignée de manœuvre en fer forgé, à laquelle est fixée une étiquette indicative du local auquel aboutit le conduit.

Ces clefs permettent un réglage grossier de la distribution d'air chaud dans les divers conduits. Il est facile de comprendre, en effet, que le mouvement ascensionnel de l'air chaud ne se faisant que par suite de la différence de densité, la vitesse d'écoulement est très faible, et les conduits les plus rapprochés du calorifère ou ceux montant aux étages supérieurs tendraient à débiter plus d'air chaud que les conduits éloignés ou desservant les étages inférieurs, si on ne disposait pas d'un moyen de réglage, si approximatif soit-il.

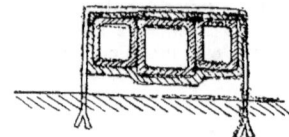

Soupape à réglage.

Conduits de chaleur horizontaux.

Les bouches de chaleur se font en divers modèles, à créneaux, à persiennes, à soufflet, à coulisse, avec dessus en fonte ou en cuivre. Elles se placent soit horizontalement ; en parquet, soit verticalement, en plinthes, suivant les emplacements dont on dispose et les positions des conduits verticaux qui les alimentent. La partie ajourée qui sert à l'émission de l'air chaud est entourée d'un encadrement de 5 centimètres de largeur, distance réglementaire des parquets. La bouche est posée à bain de plâtre noirci sur un encaissement en briques et plâtre.

Les calorifères à air chaud les plus généralement employés comprennent un foyer en fonte en forme de cloche, posé sur un socle en fonte ou en tôle, formant

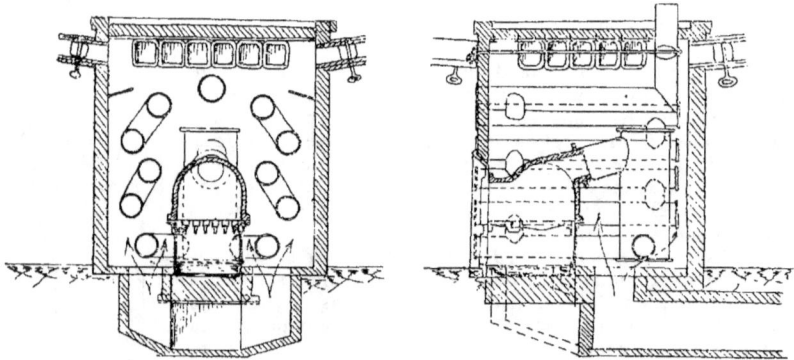

Calorifère à cloche.

cuvette d'eau pour protéger la grille en la refroidissant. Les produits de la combustion sont distribués à un coffre vertical, formant collecteur, et circulent ensuite dans une série de tuyaux en tôle ou en serpentins avant de gagner la cheminée. L'air frais arrive à la partie basse, et s'échauffe en montant au contact de la cloche et des serpentins, souvent guidé dans son parcours par des chicanes en tôle pour favoriser et augmenter sa circulation sur les parois chaudes. A la partie supérieure il se réunit dans une chambre de chaleur, sur laquelle sont branchés tous les conduits de distribution. Dans la chambre de chaleur est généralement disposé un bac alimenté d'eau par un robinet à flotteur pour maintenir l'air chaud au degré hygrométrique convenable. Quelquefois, on se réserve la possibilité de faire monter directement de la prise d'air un conduit d'air froid, muni lui-même d'un registre de réglage, pour pouvoir réduire à volonté la température de l'air chaud. Dans ce cas, la chambre de chaleur s'appelle chambre de mélange.

La forme des foyers varie à l'infini suivant les constructeurs, les cloches sont rondes, rectangulaires, ovales, lisses ou à ailettes, à feu nu ou à revêtement réfractaire intérieur, basses pour chargements fréquents ou rehaussées pour former magasin de combustible, munies quelquefois de trémies, pour le fonctionnement continu ; le principe en est toujours le même et dérive du système le plus simple, précédemment décrit. Les joints se font à emboitements, avec garnissages de terre à four ou de bourre d'amiante, ou à brides avec interposition d'un carton d'amiante.

Ces appareils peuvent brûler n'importe quel combustible tout venant industriel, coke, briquettes, etc.

Michel Perret songea à appliquer à la combustion des menus maigres, poussiers de coke, fraisil de locomotives, scories diverses, le foyer à étages employé depuis fort longtemps pour la combustion des pyrites dans la fabrication de l'acide sulfurique.

Il construisit le foyer à étages, qui, pendant plusieurs dizaines d'années, reçut des milliers d'applications.

L'avantage de cet appareil, outre l'utilisation de combustibles de médiocre valeur, est d'être à fonctionnement continu de jour et de nuit, avec un ou deux chargements par 24 heures. On lui attribue toutefois de nombreux inconvénients, la manœuvre en est très pénible et nécessite des chauffeurs robustes ; l'allumage est long et coûteux, de sorte que lorsqu'un appareil est allumé, on doit le laisser en fonctionnement tout l'hiver, et comme sa chaleur est à peu près constante, ou, tout au moins, très difficile à faire varier, on est incommodé par l'excès de chaleur, pendant les périodes modérées, ou pas assez chauffé au moment des froids rigoureux.

L'inventeur avait lui-même remédié au défaut de la manœuvre pénible par diverses modifications de son appareil, d'abord par le foyer à prismes, ensuite par le foyer à dalles perforées, que ses successeurs exploitent aujourd'hui encore.

Cet appareil est évidemment plus facile à conduire que le précédent. Il n'en possède pas moins tous les défauts signalés ci-dessus de son aîné. Si nous ajoutons que d'une part son usage très répandu a fait augmenter du simple au double, depuis 20 ans, la valeur des combustibles menus qu'il utilise, si nous faisons remarquer en outre que ces combustibles contiennent moins de calories utilisables que les bons charbons tout venants, nous aurons fait comprendre que, tout compte fait, l'économie réalisée par ces appareils est plus apparente que réelle, ou tout au moins n'est pas aussi importante qu'on pourrait le croire au premier abord.

Les appareils ci-dessus ne peuvent pas brûler les combustibles demi-gras ou gras, qui se formeraient en mâchefers et rendraient la manœuvre du foyer impossible.

De nombreuses dispositions, foyer Robin-Bœrenger, foyer Drevet et Lebigre, foyers gazogènes Bourdon et autres permettent de réaliser le problème. Nous devons dire toutefois que ce genre de combustibles étant plutôt recherché par les fabriques d'agglomérés, briquettes, boulets, etc., l'utilisation directe dans un foyer spécial et généralement compliqué n'est pas très intéressante, sauf dans des cas particuliers que le cadre restreint de la présente notice ne permet pas, à notre grand regret, d'étudier en détail.

En terminant, nous dirons que les calorifères à air chaud ont été vivement

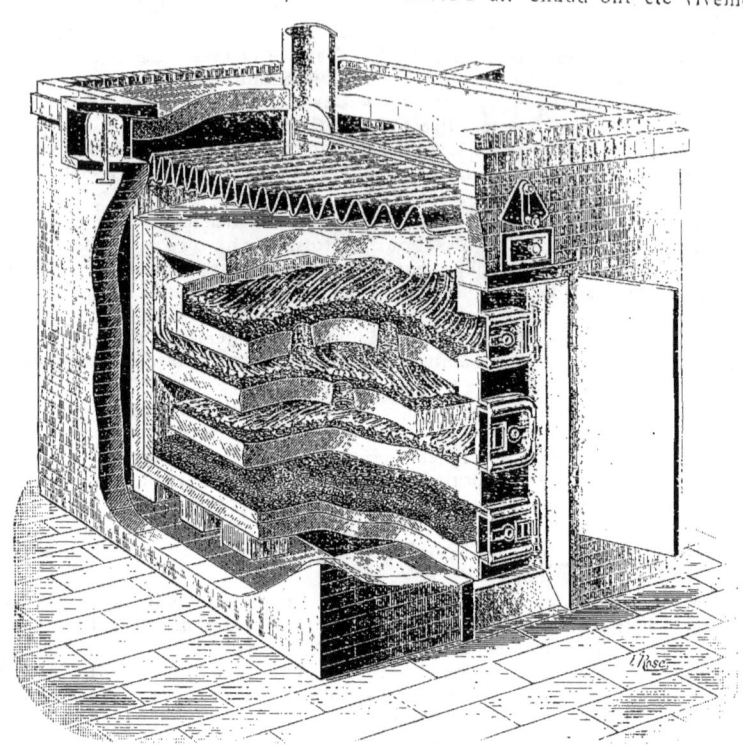

Calorifère à étage de Michel Perret.

pris à partie par les hygiénistes pendant ces dernières années, et, à notre avis, d'une manière injuste ou tout au moins exagérée. Il nous paraît assez peu prouvé que l'oxyde de carbone filtre au travers de la fonte, même portée au rouge, et nous ne pensons pas qu'on ait jamais fait à ce sujet des expériences bien concluantes. Nous ne croyons pas non plus qu'on puisse attacher une grande importance à l'air prétendu très sec émis par les bouches de chaleur, puisque, d'abord, il est facile de l'humidifier, comme nous l'avons vu, et que d'autre part l'état hygrométrique de l'air ne dépend que de celui de l'atmosphère ambiante, et ne peut être transformé par son passage dans le calorifère, quelle que soit la température que l'air ait pu acquérir à un moment donné.

Enfin, les poussières organiques en suspension dans l'air ont pu être brûlées par leur passage au contact du foyer, il peut en résulter une odeur désagréable, mais nullement une cause d'impureté, puisqu'au contraire il y a là une véritable stérilisation.

La vérité est que la construction de ces appareils est trop souvent confiée à des fumistes sans connaissances techniques, et que le bon marché insensé qu'on exige de ces calorifères oblige ces constructeurs peu scrupuleux à fournir des appareils mal construits, mal proportionnés, ayant des joints absolument défectueux et des épaisseurs insuffisantes. Et nous connaissons nombre de calorifères à air chaud installés par des constructeurs scrupuleux convenablement proportionnés, soigneusement construits au point de vue de l'étanchéité, et qui donnent satisfaction aux plus délicats. En réalité, les calorifères à air chaud sont des appareils extrêmement simples, faciles à conduire, peu coûteux d'entretien, très aisément réglables, et qui n'ont pas dit leur dernier mot. On les emploiera longtemps encore.

Chauffage par l'eau chaude. — On a vu précédemment que l'eau a son maximum de densité vers 4° centigrades et son minimum à 100°, au point d'ébullition.

Si on considère un ensemble de vases communiquants A, B, C, chauffés à la partie basse, vers le point A, l'eau s'échauffant deviendra plus légère et montera à la partie haute, en vertu du principe d'équilibre hydrostatique, pour être remplacé par de l'eau plus froide, descendant par la colonne non chauffée. Ce mouvement, d'abord presque insensible, s'accélérera bientôt très rapidement ; on verra un dégagement de globules composé d'abord de l'air en suspension dans le liquide, puis de petites bulles de vapeur se formeront, élèveront le niveau de B au-dessus de celui de C jusqu'au moment où la formation de vapeur devenant très abondante la colonne AB sera composée d'un mélange beaucoup plus léger d'eau et de bulles de vapeur qui viendront crever à la surface ; on dit à ce moment que la colonne est émulsionnée.

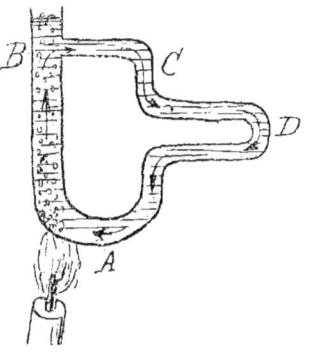

Théorie de l'ébullition de l'eau.

Si, pendant qu'on chauffe l'eau en un point A de son circuit, on refroidit par un moyen quelconque un autre point D du même circuit, de telle manière que la proportion de refroidissement en D soit sensiblement égale à celle de l'accroissement de température en A, l'eau ne pourra pas se vaporiser, le phénomène d'émulsion ne se produira pas, mais on aura donné naissance à une circulation ininterrompue d'eau s'élevant de la partie chauffée vers le sommet du circuit pour redescendre vers le point refroidi, revenir au foyer, et ainsi de suite.

C'est la théorie du chauffage par l'eau chaude.

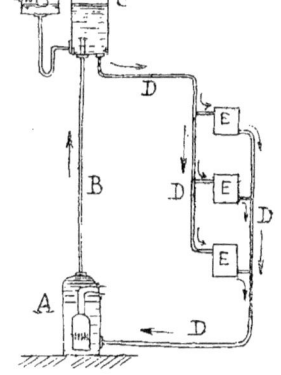

Théorie du chauffage à l'eau chaude.

Un système de chauffage par l'eau chaude comprend donc essentiellement :
1° Une chaudière A.
2° Une canalisation de montée B.
3° Un réservoir d'expansion C.
4° Une canalisation de retour D.
5° Des surfaces chauffantes ou radiateurs E.

Nous avons vu au chapitre II comment on détermine les surfaces de chauffe des radiateurs E, en tenant compte des coefficients de transmission de l'eau à l'air au travers des parois métalliques. Nous donnerons plus loin les types principaux de radiateurs, qui sont les même que ceux employés dans les systèmes de chauffage par la vapeur. Nous parlerons aussi à ce moment des types de chaudières les plus généralement adoptés, et qui sont sensiblement les mêmes dans les deux systèmes.

Les diamètres des tuyauteries de circulation se calculent d'après la formule et les tableaux de Prony. On admet que l'eau part de la chaudière à une température voisine de 100°, mais en dessous cependant, vers 90 à 95°, pour éviter des productions de vapeur qui donneraient lieu à des bruits et des ébranlements dans la conduite ascensionnelle. D'autre part, on maintiendra la température de l'eau des retours aussi haute que possible, soit vers 60° pour avoir un rendement meilleur aux radiateurs, qui seront ainsi moins encombrants.

La différence de densité de l'eau entre 90 ou 95° et 60° permettra de trouver dans les tables de Prony la vitesse de circulation dans les tuyaux de différents diamètres, étant donné le volume d'eau à faire passer par heure (1). D'autre part, la hauteur entre la chaudière A et le réservoir d'expansion C représente la charge qui produira le mouvement. Connaissant les longueurs de circuits, et en tenant compte des résistances et pertes de charges dues aux frottements, aux coudes, branchements, etc., avec un peu d'habitude, on arrive à calculer ainsi très rapidement les diamètres de tuyauteries et les températures convenables à choisir pour les départs et retours d'eau en circulation.

On remarque de suite que la vitesse de circulation dépend beaucoup de la hauteur de charge AC, par conséquent, plus la hauteur est grande, et plus la vitesse de circulation est rapide. Le chauffage par l'eau chaude nécessite donc des diamètres de tuyauterie d'autant plus considérables que la hauteur de charge est moins grande.

Nous verrons plus loin que c'est là une des causes qui rendent extrêmement difficile l'application de ce système au chauffage des appartements sur le même niveau, et quels sont les moyens les plus récemment étudiés pour l'accélération de la vitesse de circulation (2).

Le réservoir d'expansion a pour but de permettre l'augmentation de volume de l'eau en circulation, sous l'influence de l'augmentation de température. On lui donne en général une capacité égale au 1/5 du volume d'eau contenu dans le circuit, pour tenir compte en outre de la vapeur qui peut se dégager. A cet effet, on ferme ce réservoir par un couvercle, muni d'un tube de dégagement des buées, et d'un tuyau de trop plein. On le raccorde aussi avec une bâche d'alimentation munie d'un robinet à flotteur raccordé à un système d'alimentation d'eau qui maintient son niveau constant.

Les circuits peuvent du reste affecter les dispositions de tuyauteries les plus variées, suivant les nécessités du chauffage, à la condition de tenir compte des pertes de charges. Le réservoir d'expansion peut être branché en un point quelconque du circuit, au-dessus du niveau le plus élevé des tuyauteries, bien entendu. S'il n'est pas placé immédiatement au-dessus de la colonne verticale d'ascension, il faut toutefois avoir soin de ménager aux points hauts des robinets automatiques d'évacuation d'air RR, ou des tuyaux d'air TT aboutissant soit directement à l'extérieur sur le toit, soit de préférence sur le tuyau d'évacuation des buées du réservoir d'expansion. Cette disposition pourrait, du reste, permettre la formation accidentelle de vapeur sous pression, et un refoulement

Réservoir d'expansion et de distribution.

---

(1) Les tables de Prony relatives à l'écoulement de l'eau dans les tuyaux se trouvent dans tous les aide-mémoire.
(2) Voir la description d'un chauffage d'appartements de plain-pied dans le M. S. I. du 25 janvier.

d'eau par le réservoir d'expansion. On pare à cet inconvénient en raccordant dans ce cas le réservoir d'expansion ou sa bâche d'alimentation directement à la partie inférieure de la chaudière par un second tuyau.

Le chauffage par l'eau chaude ainsi réalisé est parfaitement hygiénique ; il donne une chaleur douce, régulière et saine. On peut isoler chaque radiateur par un robinet permettant de modérer ou interrompre la circulation d'eau chaude, et par suite le chauffage d'une pièce d'appartement quelconque sans modifier en rien le régime de chauffage des autres pièces. On peut régler le régime général de chauffage de l'ensemble par la température initiale de l'eau chaude au départ de la chaudière. Il existe à cet effet des régulateurs fonctionnant suivant un principe identique à celui des régulateurs des générateurs à vapeur à basse pression que nous verrons plus loin. On proportionne ainsi presque à volonté la température de régime de l'eau chaude en suivant les variations de la température extérieure.

On peut reprocher, toutefois, à ce système de chauffage de n'être pas assez souple. En raison de la quantité d'eau en circulation, il faut en effet un temps assez long pour mettre en route au début, ou pour augmenter la température de régime de l'eau. Pour la même raison, lorsqu'on ferme le robinet d'un radiateur l'eau contenue dans cet appareil continue à chauffer jusqu'à ce qu'elle soit complètement refroidie, ce qui dure généralement assez longtemps.

Enfin, les radiateurs sont volumineux et encombrants à cause de la grande surface de chauffe qu'ils nécessitent, et les canalisations sont de diamètres assez gros, et par suite difficiles à dissimuler, surtout dans les petites installations où la hauteur de charge est réduite et la vitesse de circulation très faible.

On a cherché à remédier à ces inconvénients en construisant des systèmes fonctionnant sous moyennes pressions, 1 à 2 kgr., ou même sous de hautes pressions, jusqu'à 20 et 30 kgr. Dans ce cas, le principe de fonctionnement est identique, mais le réservoir d'expansion est fermé et muni d'une soupape de sûreté réglée à la pression maximum de marche, et quelquefois complétée par un manomètre à contact électrique qui avertit par une sonnerie quand la pression maximum est prête à être atteinte.

Ces systèmes permettent évidemment de réduire les diamètres des tuyauteries et les dimensions des appareils radiateurs, puisque la température de l'eau étant plus élevée il suffit de faire circuler un volume d'eau relativement réduit. Néanmoins, les dangers d'explosions, et surtout les difficultés de maintenir étanches les joints des canalisations sous pressions élevées, avec les dilatations et contractions successives dues aux températures essentiellement variables de l'eau en circulation, n'ont pas permis à ces systèmes de recevoir des applications très nombreuses, surtout depuis le succès obtenu par les appareils de chauffage par la vapeur à basse pression, dont nous parlerons plus loin.

Chauffage Perkins. — Nous devons dire quelques mots encore d'un chauffage par l'eau chaude à très haute pression, qui, inventé par l'Anglais Perkins, a reçu en Angleterre principalement une grande quantité d'applications. Quelques constructeurs en ont fait en France, il y a une vingtaine d'années, quelques installations, mais ce système a été peu à peu abandonné, et aujourd'hui un seul constructeur français, à peu près, en a conservé la spécialité.

Lorsqu'on chauffe de l'eau en vase clos, on peut la porter à très haute température sans qu'elle puisse se vaporiser, la seule limite réside dans la résistance des tuyauteries, qui sont généralement essayées à la pression de 100 kgr. par cent. carré.

Le circuit, composé de tuyaux en fer de 15/27 ou 22/34 millimètres, est continu. La chaudière est formée en serpentin placé en plein feu, le départ se faisant à la partie supérieure du serpentin et le retour à la partie inférieure. Au point haut du système se trouve une bouteille en fer forgé, fermée par un bouchon vissé, qui sert à l'emplissage et à l'évacuation d'air avant la mise en route. Les surfaces de chauffe se composent simplement de serpentins placés sur la circulation, et dont la longueur est calculée une fois pour toutes suivant la température à fournir au local chauffé

Ce système de chauffage est très simple, et très facile à installer dans les locaux anciens, il se prête très bien au chauffage d'appartements situés au même niveau, et son foyer est peu encombrant et peut être disposé pour un fonctionnement continu. Il nécessite très peu d'eau, et par suite la mise en route et l'arrêt se font très vite. Il consomme très peu d'eau, il suffit de laisser tomber le feu tous les huit jours, et quand l'appareil est froid de dévisser le bouchon de la bouteille pour y ajouter un ou deux verres d'eau.

Néanmoins, ce système présente de fort nombreux inconvénients, et son emploi n'est guère à conseiller, à moins d'en confier l'installation à un constructeur extrêmement expérimenté.

La pression peut en effet monter à des limites considérables, le serpentin du foyer peut même rougir, et dans ce cas, sa résistance diminuant, on n'est jamais à l'abri d'un danger d'explosion.

La circulation étant continue, il est impossible de régler les appareils, et on doit nécessairement laisser tout l'ensemble sous le même régime de fonctionnement, sans pouvoir modérer le chauffage d'une des pièces chauffées. Les variétés de ce système, connues sous le nom de microsyphon, et qui avaient résolu le problème de placer des robinets de réglage sur certains sepentins convenablement disposés pour pouvoir être isolés du circuit, n'ont jamais donné des résultats bien satisfaisants, et en résumé on peut dire que le chauffage Perkins est, avec raison, à peu près abandonné aujourd'hui.

Chauffage mixte par l'eau et la vapeur. — Dans certains cas particuliers, lorsqu'on dispose de vapeur à haute pression ou de vapeur d'échappement et surtout lorsqu'on a besoin d'une température très constante, que seule l'eau chaude est capable de donner, on emploie le chauffage mixte par l'eau et la vapeur.

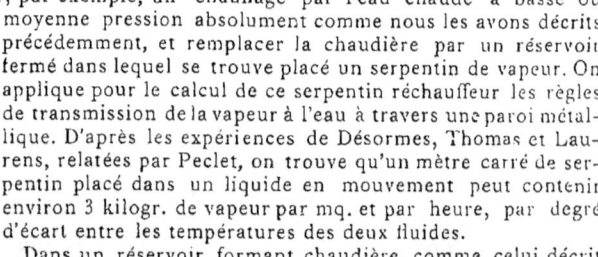

Chauffage mixte.

On peut disposer, par exemple, un chauffage par l'eau chaude à basse ou moyenne pression absolument comme nous les avons décrits précédemment, et remplacer la chaudière par un réservoir fermé dans lequel se trouve placé un serpentin de vapeur. On applique pour le calcul de ce serpentin réchauffeur les règles de transmission de la vapeur à l'eau à travers une paroi métallique. D'après les expériences de Désormes, Thomas et Laurens, relatées par Peclet, on trouve qu'un mètre carré de serpentin placé dans un liquide en mouvement peut contenir environ 3 kilogr. de vapeur par mq. et par heure, par degré d'écart entre les températures des deux fluides.

Dans un réservoir formant chaudière, comme celui décrit ci-dessus, en admettant que l'eau rentre à 60° et repart à 90°, soit une moyenne de 75°, si on fait usage de vapeur à 100°, soit un écart de 25° avec la température de l'eau, la condensation pourrait donc être de $3 \times 25 = 75$ kgr. de vapeur par mq., ce qui correspondrait à plus de 40.000 calories par mq. de serpentin.

En pratique, la circulation n'est pas assez active dans la chaudière pour qu'on puisse obtenir ce résultat, mais on peut compter facilement sur 15 à 25.000 calories par mq.

On a beaucoup employé, autrefois, ce système pour le chauffage des hôpitaux. On plaçait dans les salles des repos de chaleur, sorte de gros poêles tubulaires, à circulation d'air, contenant de l'eau, à laquelle on donnait une température convenable et facile à graduer au moyen d'un serpentin de vapeur placé à l'intérieur du poêle.

Ce système, très en vogue il y a une cinquantaine d'années, a été peu à peu abandonné, et remplacé par le chauffage à la vapeur à basse pression.

Chauffage par la vapeur. — Quand on chauffe de l'eau, sa température s'élève et on peut la mesurer au thermomètre jusqu'à l'ébullition, c'est-à-dire jusqu'à 100°. Si on continue à chauffer, l'eau se transforme en vapeur, en absorbant une certaine quantité de chaleur insensible au thermomètre et qu'on appelle chaleur latente de vaporisation.

La quantité de chaleur qu'il faut fournir à un kgr. d'eau de 0° pour le transformer entièrement en vapeur à la température de T° est donnée par la formule $N = 606,5 + 0,305\,T$.

La valeur de T correspond à la pression à laquelle cette vapeur est produite, comme il est indiqué dans le tableau ci-dessous :

Pression en kgr.	Atmosphères	Pression en hauteur		Température de la vapeur	Volume de 1 kgr. de vapeur
		mesurée en m/m.	d'eau en m/m.		
0	1	760	10.330	100°	1 m³ 696
0,250	1,25	950	12.910	106,33	1,380
0,500	1,50	1.140	15.492	111,83	1,167
0,750	1,75	1.330	18.074	116,50	1,012
1	2	1.520	20.656	120,64	0,895
1,25	2,25	1.710	23.238	124,39	0,798
1,50	2,50	1.900	25.821	127,83	0,729
1,75	2,75	2.090	28.403	130,98	0,668
2	3	2.280	30.985	133,91	0,616
2,5	3,50	2.660	36.149	139,29	0,534
3	4	3.040	41.313	144,00	0,474
3,5	4,50	3.420	46.478	148,44	0,426
4	5	3.800	51.642	152,26	0,386
4,5	5,5	4.180	56.806	155,94	0,354
5	6	4.560	61.970	159,25	0,327

Inversement, lorsque 1 kgr. de vapeur se transforme en eau, il abandonne une quantité de calories équivalente à celle qu'il avait absorbée en se vaporisant.

En chauffage, on évacue généralement l'eau de condensation à la température de 100° ; on utilise donc pour le chauffage uniquement la chaleur latente de vaporisation.

Si on considère, par exemple, de la vapeur à la pression de 0 k. 500, on a fourni à 1 kgr. d'eau à + 12° pour le vaporiser :

$$606,5 + 0,305 \times 111,83 - 12° = 628 \text{ cal. } 6.$$

On utilisera pour le chauffage, lorsqu'il se condensera à la pression atmosphérique :

$$606,5 + 0,305 \times 111,83 - 100 = 540 \text{ cal. } 6.$$

Nous avons vu précédemment, chap. II, comment on calcule les appareils de chauffage, radiateurs ou surfaces à ailettes. Nous n'insisterons pas ici sur lesdits appareils, qui sont du reste les mêmes que ceux employés dans le chauffage par la vapeur à basse pression, et nous arriverons de suite à ce dernier chauffage, qui rentre plus particulièrement dans le cadre de la présente étude ; le chauffage des habitations. Le chauffage par la vapeur à haute pression est plutôt du domaine des chauffages industriels, dont nous dirons quelques mots au chap. VIII.

Chauffage par la vapeur à basse pression. — Le chauffage par la vapeur à basse pression semble avoir pris naissance en Amérique, avant d'avoir reçu en Europe ses premières applications. Il fut probablement importé par les Allemands, qui le transformèrent et le perfectionnèrent, avant d'être introduit en France, où depuis une quinzaine d'années il a reçu des améliorations si importantes qu'il est devenu maintenant un véritable chauffage domestique.

On divise actuellement le chauffage par la vapeur à basse pression en trois types principaux, savoir :

1° Le chauffage en cycle fermé, dit américain, à un seul tuyau, qui fonctionne généralement à une pression d'environ 500 grammes.

2° Le chauffage en cycle fermé, dit américain, à deux tuyaux, dans lequel la pression est de 300 à 500 grammes.

3° Enfin le chauffage à cycle ouvert, dit réglable, à deux tuyaux et robinets à réglage, qui fonctionne sous une pression variant entre 50 et 200 grammes maximum.

Le chauffage américain à un seul tuyau se compose :

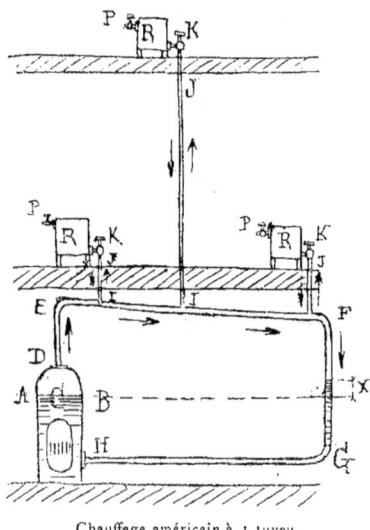

Chauffage américain à 1 tuyau.

1° D'une chaudière C, dans laquelle le niveau d'eau s'élève jusqu'à la ligne AB.

2° D'une canalisation de gros diamètre DEFGH, qui s'élève verticalement jusqu'en un point haut du sous-sol, et redescend en pente régulière de 2 à 3 centimètres par mètre jusqu'à la chaudière où elle se raccorde à la partie basse ;

3° De colonnes verticales de diamètres moyens IJ, qui partent de la canalisation DEF et s'élèvent jusqu'aux appareils radiateurs ;

4° De robinets K, placés sur les radiateurs ;

5° Des radiateurs R, qui portent des robinets purgeurs d'air P automatiques ou munis de volants pour être ouverts à la main.

Lorsque la chaudière est en fonctionnement normal, les robinets R étant ouverts, la vapeur circule dans le sens des flèches, parcourt le collecteur EF, s'élève dans les colonnes verticales IJ, et remplit les radiateurs RR après avoir chassé l'air par les purgeurs d'air PP.

La vapeur se condense dans les radiateurs, l'eau condensée plus lourde retombe à la partie inférieure, redescend par les tuyaux JI, et s'écoule par le collecteur EF pour rentrer à la chaudière par le retour GH.

Si on ferme un robinet K, la vapeur contenue se condense et retombe à la partie basse du radiateur, l'air pénètre dans celui-ci par le purgeur d'air P, et le radiateur cesse de chauffer.

Ce système nécessite de très gros diamètres de tuyauterie :

1° Pour que la pression soit sensiblement la même en tous les points, dans les radiateurs aussi bien que dans la chaudière, de telle manière qu'il y ait une différence de niveau aussi faible que possible entre le niveau AB de la chaudière, et le niveau X dans le tuyau de retour.

2° Pour que les colonnes verticales IJ qui sont parcourues par la vapeur et l'eau de condensation marchant en sens contraire, l'écoulement d'eau se faisant par capillarité le long des parois intérieures du tuyau, il reste au centre un passage suffisant pour que la vapeur puisse passer facilement. S'il n'en était pas ainsi, il se produirait des chocs et des bruits sourds extrêmement désagréables.

La conduite maîtresse EF doit être en pente très sensible pour la même raison.

Si les exigences du sous-sol obligent à la faire remonter, il faut la purger d'eau par un tuyau se raccordant au collecteur des retours au-dessous du niveau d'eau de la chaudière.

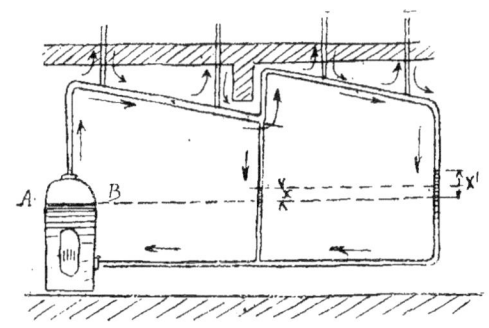

Les robinets doivent être de gros diamètres et à passage direct, toujours pour éviter le contact de l'eau et de la vapeur. Ils doivent être branchés directement sur la conduite verticale, et si cela est impossible lui être raccordés par des canalisations de gros diamètres en pente très accentuée.

Enfin le purgeur d'air, qui est le point faible du système, doit être automatique pour ne pas nécessiter l'ouverture d'un purgeur à main, qui serait une véritable sujétion.

Cet appareil comprend en général comme partie essentielle un cylindre en composition dilatable, qui laisse passer l'air, mais s'allonge et vient fermer l'ouverture de sortie aussitôt que la vapeur commence à arriver.

Malheureusement, comme tous les coefficients de dilatation se modifient à mesure que l'état moléculaire des corps se transforme, tous les purgeurs d'air se

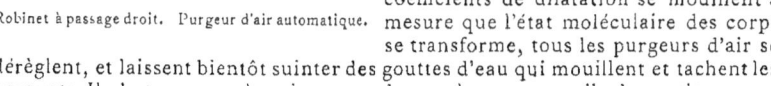

Robinet à passage droit.   Purgeur d'air automatique.

dérèglent, et laissent bientôt suinter des gouttes d'eau qui mouillent et tachent les parquets. Il n'est pas rare de voir suspendus après ces appareils des petits seaux, destinés à recevoir les suintements, et qui présentent l'aspect le plus disgracieux.

De plus l'air évacué par les purgeurs d'air et mélangé de vapeur d'eau a pris, par suite de son contact avec la vapeur, une odeur très désagréable qui se répand dans les locaux chauffés, et rappelle l'odeur bien connue des buanderies.

Dans le système américain à deux tuyaux, une conduite sert pour la distribution de vapeur, et une autre pour le retour de l'eau de condensation. Cette disposition présente les mêmes inconvénients que celle à un seul tuyau. Le collecteur de retour doit être placé au-dessous du niveau de l'eau de la chaudière, et si

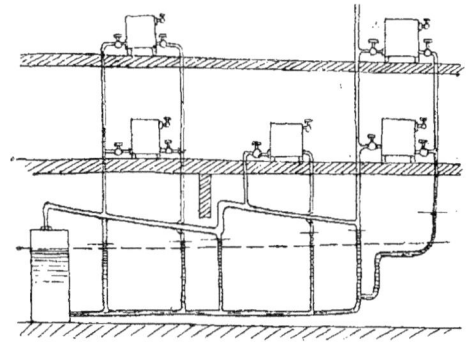

Chauffage américain à 2 tuyaux.

plusieurs radiateurs sont desservis par les mêmes colonnes verticales, il faut placer un clapet de retenue sur le branchement avec le collecteur de retour, ou mieux, pour éviter les inconvénients des clapets qui se collent souvent sur leurs sièges, un second robinet. Ceci est évidemment un inconvénient, car on est obligé de manœuvrer presque simultanément ces robinets à chaque mise en service ou arrêt du chauffage de chaque radiateur, sous peine de voir celui-ci s'emplir d'eau provenant des autres radiateurs, et qui ne sera évacuée plus tard qu'après une succession de bruits extrêmement désagréables.

Dans ce système les tuyauteries sont évidemment de diamètres moindres que dans le précédent ; on évite les petits clapotements inévitables auquel donne lieu le passage simultané de l'eau et de la vapeur circulant en sens contraire dans un seul robinet, mais on a toujours le purgeur d'air, et on ne peut graduer le chauffage des radiateurs, dont les robinets doivent toujours être entièrement ouverts, ou entièrement fermés.

Le chauffage par la vapeur à très basse pression fonctionnant en cycle ouvert est quelquefois nommé chauffage français. Les recherches de l'auteur permettent d'affirmer que ce système a été inventé par l'Américain Frédéric Tudor, qui prit depuis le commencement de 1884 une série de brevets sur la distribution dans les radiateurs par des orifices jaugés et des robinets réglables. Le chauffage de la Manahattan Cº and Merchants Building, 40-42, Wall-Street, à New-York (1), installé antérieurement à 1883, possède sur les radiateurs des robinets à pointeau, dont l'analogie avec les robinets du système français Grouvelle et Arquembourg est absolument frappante (2).

Les Américains prétendent que le chauffage réglable, qui n'est pas ou fort peu employé aux Etats-Unis, du reste, est originaire de cette contrée, qu'il a été importé en Europe par les Allemands, et qu'il fut introduit d'Allemagne en France.

Quoi qu'il en soit, l'origine française semble remonter aux brevets pris par MM. Grouvelle et Arquembourg, de février 1885 à mai 1887, sur les systèmes de distribution et de répartition de la vapeur par étranglements brusques et chutes de pression dans les branchements allant aux radiateurs.

fig 31

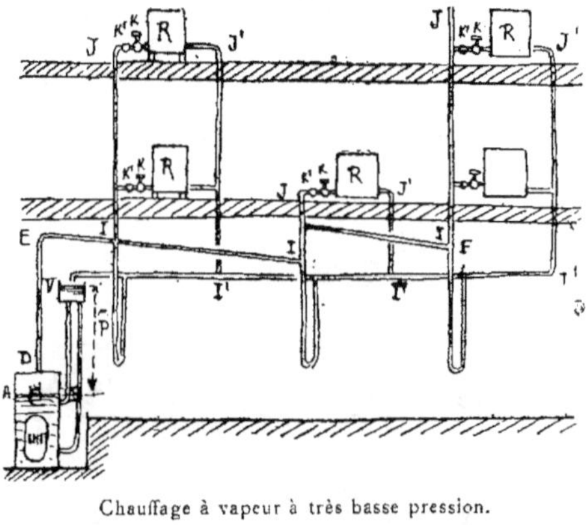

Chauffage à vapeur à très basse pression.

Le système comprend essentiellement :

1º Une chaudière C à fonctionnement continu et magasin de combustible ;

2º Un réservoir d'expansion, ouvert à l'air libre, placé à une hauteur au-dessus du niveau d'eau de la chaudière correspondante à la pression de marche, soit environ 2 mètres. Ce réservoir communique avec la chaudière par 2 tuyaux, l'un de retour, à la partie basse de la chaudière, l'autre de sûreté à quelques centimètres au-dessous du niveau de l'eau. Si la pression tend à monter au-dessus de la limite permise, l'eau baisse dans la chaudière, et la vapeur s'échappe par le tube de sûreté et le réservoir d'expansion, qui forme ainsi soupape de sûreté hydraulique, absolument indéréglable.

---

(1) Le Manahattan Cº's and Merchants Building, 40-42, Wall, Street-New-York, a été construit par M. W. Wheeler Smith, architecte, les installations mécaniques dirigées par M. W. J. Baldion, ingénieur, et le chauffage Tudor installé par M. Bates and Johnson, de New-York.

(2) Voir *Steam Heating Problems*, librairie du *Sanitary Engineer*. New-York, éditions du 1er juin 1883 au 20 novembre 1883. (Fractional-Valve ou Graduating-Valve pour chauffage à vapeur, Frédéric Tudor, New-York).

3º Une tuyauterie de distribution principale DEF, avec colonnes verticales IJ ascendante ;

4º Une tuyauterie de retour FG, recevant les colonnes verticales descendantes I'J', et ramenant les eaux de condensation au réservoir d'expansion.

Les tuyauteries de vapeur et de retour ne communiquent que par des syphons d'une hauteur au moins égale à la pression de marche, soit 2 mètres, pour qu'il ne passe pas de vapeur dans les tuyaux de retour.

5º Des robinets de vapeur K, à ouverture réglable, précédés, accompagnés ou suivis d'appareils jaugeurs K', qui ont pour but d'étrangler l'arrivée de vapeur pour qu'il ne passe par le robinet K dans le radiateur que la quantité de vapeur que ce radiateur est capable de condenser pour l'écart de température maximum demandé.

On comprend aisément le fonctionnement de ce système : La chaudière produit de la vapeur à la pression maximum permise par le réservoir d'expansion. Cette vapeur est distribuée par les conduites principales à la même pression, qui est maintenue à peu près constante en tous les points, même les plus éloignés, par suite de l'interposition des orifices de jauge.

Ces orifices ne laissant passer qu'une quantité déterminée de vapeur dans les radiateurs font véritablement fonction de détendeurs ; la pression est donc très réduite dans les radiateurs, et complètement nulle aux orifices de sortie par lesquels il ne sort que de l'eau condensée. On peut graduer la proportion de vapeur introduite et par suite la puissance de chauffage des radiateurs par l'ouverture plus ou moins grande des robinets en général munis d'un cadran indicateur de la position d'ouverture.

L'air peut être évacué des radiateurs ou y revenir par les tuyauteries de retour, et le réservoir d'expansion ouvert à l'air libre, ce qui supprime l'emploi des purgeurs d'air, et tous les inconvénients de ces appareils incommodes et désagréables.

La vapeur et l'eau condensée circulent dans le même sens, les conduites horizontales sont purgées d'eau par des syphons d'extrémités et les conduites verticales par des syphons au pied, et qui supprime toutes les chances de bruit.

En réalité ce système de chauffage central est parfaitement régulier, souple, réglable, facile à conduire par n'importe quel domestique, qui n'y consacre que quelques instants le matin et le soir.

Nous allons maintenant passer en revue les principaux organes qui composent un système de chauffage par la vapeur à basse pression, en indiquant quelles sont, à notre avis, les conditions qu'ils doivent remplir pour donner le maximum d'utilisation du combustible et la parfaite sécurité de fonctionnement.

Chaudière. — On doit préférer les chaudières en tôle d'acier et fer forgé, ne présentant aucune partie de fonte en contact simultané avec le feu et l'eau. En effet, si une négligence de domestique venait à laisser manquer d'eau, une chaudière en tôle recevant un coup de feu peut être presque toujours réparée, tandis qu'une chaudière en fonte se rompt et est mise irrémédiablement hors de service.

Si, par raison d'économie, on préfère une chaudière en fonte, il faut s'attacher à choisir des modèles consacrés par l'usage, et surtout de fabrication française, ou d'une fabrication étrangère dont on pourra s'assurer la valeur consciencieuse ; le seul inconvénient est qu'en cas de rupture et d'usure normale il faut faire venir des pays d'origine des pièces de rechange souvent attendues pendant plusieurs mois.

Bien que ces générateurs ne soient pas, en général, soumis aux prescriptions du service des mines, ils doivent être essayés avant la mise en service à une pression égale au moins à dix fois la pression de fonctionnement (1).

---

(1) Par circulaire ministérielle du 8 juillet 1903, les générateurs de vapeur destinés au chauffage ne son plus soumis à la condition du timbrage par le service des mines, ni à la surveillance et aux épreuves décennales, à la condition d'être mis, d'une manière assurée, en communication permanente avec l'atmosphère par un tuyau d'équilibre à colonne d'eau n'ayant pas plus de 3 mètres de hauteur.

Le foyer doit être entouré d'eau en mince volume pour utiliser d'une manière parfaite la chaleur de rayonnement.

Les tubes de circulation doivent être verticaux, de préférence, pour éviter les dépôts de suie qui donnent lieu à des ramonages trop fréquents.

La grille doit avoir une surface correspondante à une combustion de 20 à 30 kgr. maximum par mètre carré ; elle peut être fixe, ou mobile au moyen d'un levier extérieur facilitant les décrassages, mais dans tous les cas présenter le maximum de passage d'air au travers de la masse du combustible. Il est extrêmement utile de réserver des entrées d'air soumises à l'action du régulateur, au-dessus du foyer, pour assurer la combustion de l'oxyde de carbone qui résulterait forcément de la combustion lente.

La chaudière doit contenir une réserve de charbon suffisante pour 10 à 12 heures de marche, et si le système de chauffage est réglable, et muni d'un réservoir d'expansion, il faut que le magasin soit constitué par un tube central, entouré d'eau, alimentant la grille au fur et à mesure de la combustion, pour assurer la régularité absolue de vaporisation et

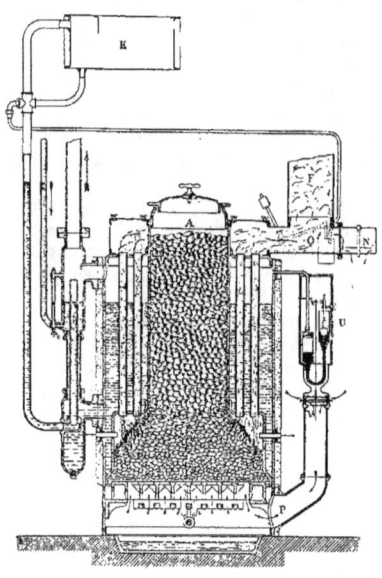

Chaudière en tôle
système Grouvelle et Arquembourg.

de pression indispensable à ce système.

Les chaudières dites à grands foyers dans lesquelles la masse de charbon est chargée directement sur la grille, en grande épaisseur, ne conviennent qu'aux chauffages par la méthode dite américaine.

Le régulateur de pression et de combustion doit être extrêmement simple et robuste. Nous donnons la préférence au régulateur à membrane flexible, ou aux régulateurs à flotteurs sur bain de mercure. Tous les régulateurs très compliqués, et par suite très délicats et sujets à se fausser, tous ceux qui possèdent des articulations capables de s'encrasser dans la poussière de la chaufferie, ou de se rouiller, doivent être écartés, quelle que soit l'ingéniosité de leur principe. Ce régulateur doit agir sur l'entrée d'air au-dessous et au-dessus de la grille, en même temps que sur le tirage de la cheminée.

Les portes du foyer et du cendrier doivent être solidaires, pour qu'une négligence de chauffeur ne puisse laisser ouvert le cendrier, qui paralyserait l'action

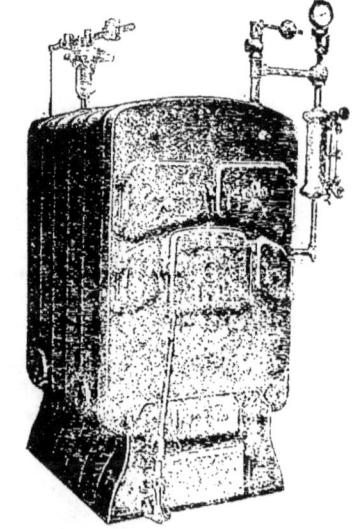

Chaudière en fonte Strebel, syst. R. O. Meyer.

du régulateur et ferait emballer la chaudière, sans laisser en même temps ouverte la porte du foyer qui éteindrait automatiquement le feu. Ces deux portes doivent être grandes et facilement accessibles, pour permettre les décrassages rapides; leurs articulations doivent être extrêmement robustes pour ne pas être détruites rapidement par l'action de la rouille.

La chaudière doit être munie d'une soupape de sûreté, d'un niveau d'eau, d'un robinet de jauge, d'un manomètre à grandes divisions très sensible pour les plus faibles différences de pression, d'un robinet d'alimentation, d'un robinet de vidange, d'autoclaves de visite. Toutes les fermetures de boîtes à fumée et magasin de chargement doivent être à bain de sable ; il est utile, sinon indispensable, d'entourer la chaudière d'une enveloppe calorifuge atténuant les pertes de chaleur par les parois.

Enfin on doit prévoir une vaporisation ne dépassant pas 12 à 15 kgr. par mètre carré de surface de chauffe, et se garder de suivre les indications des catalogues étrangers indiquant des vaporisations excessives. Avec une faible vaporisation, avec des départs de vapeur de gros diamètres pour assurer un écoulement sous faible vitesse, avec au besoin un séparateur d'eau, on évite les entraînements d'eau qui emplissent les conduites de vapeur, encombrent les syphons, et nuisent plus que tout au bon fonctionnement d'un chauffage de ce type.

Telles sont les conditions principales qu'une chaudière en tôle ou en fonte devra remplir pour assurer un bon chauffage, aussi bien par l'eau chaude que par la vapeur à basse pression.

Radiateurs. — Les radiateurs sont des appareils en fonte, creux, lisses ou ornés, qui présentent une surface de chauffe très importante sous un volume d'encombrement très réduit.

Il en existe de nombreux modèles, différant par les dimensions, longueur, épaisseur, hauteur, ornements venus de fonte, mais le principe en est le même, quelle que soit la fabrication.

Ce sont des colonnes ou éléments creux, assemblés par des bagues filetées biconiques, en nombre plus ou moins grand, suivant la surface de chauffe à obtenir.

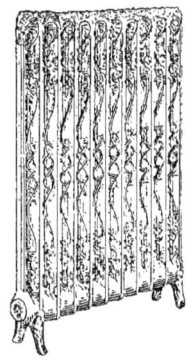

Radiateur de la Cⁱᵉ nationale.

Lorsque ces appareils sont destinés à rester apparents, on les peint avec un vernis spécial, en général dans le ton de la pièce qui les contient, de manière à les rendre moins apparents.

On les dispose en général près des parois refroidies, dans les ébrasements des fenêtres, dans les angles sombres, et à proximité des colonnes verticales de distribution pour éviter les longues conduites horizontales.

Quand les radiateurs doivent être dissimulés, on emploie de préférence les radiateurs ou surfaces à ailettes, qui présentent une plus grande surface de chauffe sous un encombrement encore plus réduit.

Tout le monde connaît le tuyau à ailettes, qui s'emploie surtout dans les ateliers, usines, bureaux, où il est possible de le laisser apparent.

On peut du reste le dissimuler sous les enveloppes les plus variées, simples et discrètes, ou luxueuses et établies dans le style de la pièce qui le contient.

On emploie aussi quelquefois des tuyaux à petites ailettes, comme les radiateurs d'automobiles, disposés sous des plinthes ajourées, ou dans des chambranles de cheminées.

D'une manière générale, nous conseillons d'éviter de dissimuler ces appareils ; il vaut mieux les laisser apparents partout où la décoration le permet, parce que, si une fente vient à se déclarer, il est ainsi plus facile d'en être averti avant qu'un écoulement d'eau plus ou moins abondant ne soit venu produire des dégâts fort désagréables.

Dans les immeubles luxueux nous conseillons d'employer ce qu'on appelle le chauffage indirect. Ce sont des batteries de surfaces à ailettes placées dans les sous-sols, enfermées dans des enveloppes en maçonnerie, avec une prise d'air frais à la partie inférieure et des conduits de chaleur distribuant l'air chaud à des bouches de chaleur. Ce sont en réalité des calorifères à air chaud, chauffés par la vapeur, et qui donnent une chaleur douce, agréable, et une ventilation abondante, répondant aux prescriptions de l'hygiène la plus rigoureuse.

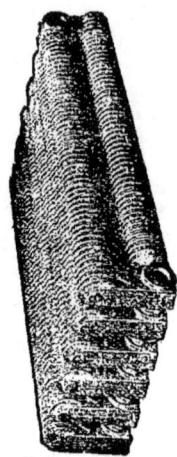

Radiateur à ailettes.

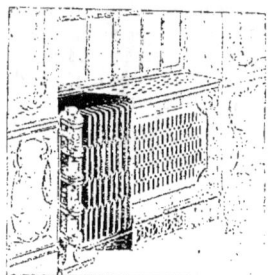

Surfaces à ailettes en gaine.

Certains constructeurs disposent des surfaces à ailettes verticalement, dans des coffres ou gaines placés dans l'épaisseur des murs.

Une ventouse sous plancher amène de l'air frais à la partie inférieure de la gaine ; cet étage s'échauffe au contact des surfaces à ailettes dans la hauteur d'un étage, et l'air chaud sort à l'étage supérieur par une bouche de chaleur. Ce système, très commode, fort agréable pour les architectes imprévoyants qui pensent à chauffer leur maison lorsqu'elle est déjà couverte, présente à notre avis de fort nombreux inconvénients :

1º Nous avons dit précédemment que nous n'aimons pas les appareils dissimulés, en raison des joints cachés dont il est impossible de vérifier l'étanchéité. Quand une fuite se produit dans une gaine, il faut démolir un pan de mur pour la réparer, refaire les peintures, les plafonds, les tentures, sans compter les tapisseries, meubles, tableaux qui seront peut-être irrémédiablement perdus. Or quel est le constructeur qui oserait garantir que ses joints ne fuiront jamais ;

2º Si le constructeur a fait une erreur de calculs, si ses surfaces de chauffe sont insuffisantes, si ses ventouses sous parquet ont des sections trop faibles, le mal est sans remède, il faut comme ci-dessus démolir la moitié de la maison pour y remédier. Si on tient compte que celui seul qui ne fait rien est assuré de ne pas se tromper, on voit combien ce système est grand d'aléas !

3º Enfin, quand on ferme une bouche de chaleur, la vapeur continue à se condenser dans l'appareil, ou l'eau chaude continue à rayonner dans la gaine, et l'immeuble est chauffé par les murs, ce qui est extrêmement désagréable.

Nous donnons sans hésiter la préférence au radiateur. Il est laid et encombrant, soit ; plaçons-le dans un endroit sombre, dans un angle de porte, près d'un rideau, mais considérons-le comme un mal nécessaire ; c'est l'appareil le plus simple, c'est le meilleur.

Robinets. — Les modèles de robinets, à réglage ou non, sont extrêmement nombreux.

Chaque constructeur sérieux a le sien, plus ou moins breveté, et de plus les fabricants français, allemands, américains, en produisent à l'infini des dispositions plus ou moins différentes.

Robinet valve, avec orifice jaugé interchangeable au moyen d'une pièce perforée qu'on peut remplacer par une autre à perforation plus ou moins grande, — robinet valve à orifice constant, mais à obturateur mobile de diamètre variable, — robinet à boisseau, à orifice triangulaire, à simple ou double système de réglage, etc., etc., tous répondent au même but, qui est de régler une fois pour toutes une ouverture laissant passer un maximum de vapeur, qu'un second réglage permettra de faire varier à volonté depuis o jusqu'au maximum ainsi établi.

Nous donnerons toujours la préférence à un type permettant un réglage très précis, très rapidement obtenu, et facile à modifier en marche, sans être obligé d'arrêter la production de vapeur du générateur.

Canalisations. — Les canalisations de vapeur principales se font presque toujours en tuyaux de fer.

Les tuyaux de gros diamètres sont assemblés à joints de brides, brasées sur les tuyaux, et serrées l'une contre l'autre avec interposition d'une rondelle de plomb, d'amiante ou de filasse garnie de minium ou de céruse, ou d'une rondelle spéciale, dite métalloplastique, et composée d'une bourre d'amiante serrée entre deux minces lames de cuivre rouge écroui.

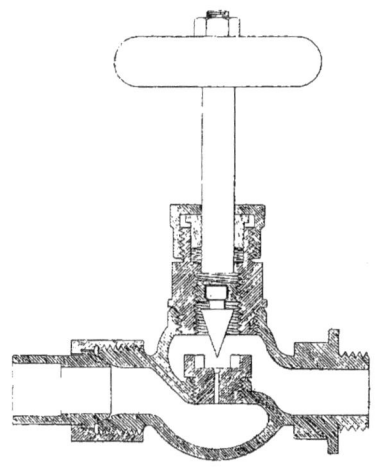

Robinet à Pointeau.

Joints à brides.

A partir de 80 m/m et au-dessous, on emploie des joints vissés composés de manchons, coudes, tés, etc., en fonte ordinaire ou fonte malléable, taraudés et vissés sur les tuyaux convenablement filetés. On employait autrefois des filetages cylindriques, qui nécessitaient des contre-écrous et joints de filasse et de céruse ou minium. On préfère aujourd'hui un système de taraudages et filetages à pas conique, qui permet d'assurer une étanchéité parfaite sans contre-écrous.

Enfin, pour les petits diamètres, on emploie souvent des tuyaux de cuivre souples, se cintrant à la main sans emplissage, et dont les joints se font sans brasure au moyen de raccords en bronze Velox, Express, Rapid, etc., dont on

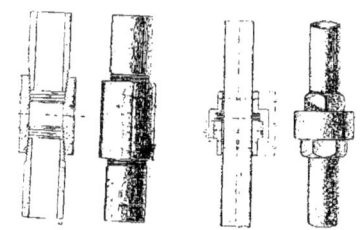

Joints taraudés et filetés.

trouve chez les constructeurs et dans le commerce un grand nombre de modèles pour tuyaux de 5 à 20 et même 25 m/m de diamètre.

Tels sont, rapidement esquissés, les principaux et les meilleurs appareils employés pour le chauffage par la vapeur à basse pression, aujourd'hui universellement connu, et appliqué dans les plus petites maisons comme dans les plus grands édifices.

CHAPITRE V

CHAUFFAGE HYGIÉNIQUE DES APPARTEMENTS

On comprend, d'après ce qui précède, que le chauffage par la vapeur à basse pression oblige à avoir un emplacement très en contre-bas du local chauffé pour y loger la chaudière.

Le chauffage par l'eau chaude à basse pression nécessite une hauteur de charge assez importante, sous peine d'employer des tuyauteries de gros diamètres, très encombrantes et difficiles à dissimuler, en raison de la faible vitesse de circulation.

Le chauffage Perkins serait seul applicable dans les appartements, mais il est dangereux en raison de sa haute pression, il brûle les peintures, calcine les bois; il n'est pas réglable, et c'est en somme un système à ne pas conseiller.

On a cherché beaucoup, pour permettre l'emploi des appareils par la vapeur à basse pression, des appareils qui permettraient d'élever dans la chaudière ou dans son réservoir d'expansion, placés à l'étage même des radiateurs, l'eau condensée dans ces radiateurs. Vaporigène et son autoélévateur, ou autres appareils concourant au même but, n'ont jamais donné satisfaction.

Certains constructeurs barbares n'hésitent pas à faire suivre les radiateurs de purgeurs automatiques d'eau condensée, et à renvoyer aux égouts, aux écoulements des water-closets, des éviers, etc., les eaux de condensation, qu'ils remplacent à la chaudière par l'eau de la ville, au moyen d'un robinet à flotteur fonctionnant sous pression.

Outre que ce système remplit toute la maison d'une agréable odeur de lessive, il perd à l'égout les 100 calories que contient chaque litre d'eau évacué. Il remlit d'eau nouvelle plus ou moins calcaire, et plusieurs fois par jour, la malheureuse chaudière ou le pauvre bouilleur, qui s'entartre vite et est bientôt hors de service.

Quelques malins, pour corser encore ce joyeux programme, intercalent ladite chaudière dans le fourneau de cuisine, et comme celui-ci a l'habitude de fonctionner même en été, adaptent un joyeux dispositif qui d'avril à octobre fournit généreusement la vapeur aux oiseaux sur le toit de la maison. Comme si, en matière de chauffage comme en toute autre circonstance, un appareil quelconque pouvait faire deux ouvrages à la fois. Quelle économie à faire miroiter aux bons clients, que l'utilisation des chaleurs perdues des fourneaux de cuisine au chauffage des appartements ! Et que les 30 ou 40 centimes de charbon consommés journellement par notre cuisinière ont bon dos, si après avoir fait cuire notre soupe et rôtir nos gigots, ils peuvent encore nous donner 18° dans notre salon et notre salle à manger, 15° dans nos chambres et nos antichambres, et davantage dans nos cabinets de toilette, après avoir encore préparé l'eau chaude de notre salle de bains.

Un simple calcul de calories, un regard sur la grille de foyer de notre fourneau, une réflexion sur la température que doit avoir la fumée pour que le tirage de la cheminée soit assuré, convaincront vite que ces constructeurs font un simple bluff, et qu'il ne faut pas se laisser prendre à leur alléchant prospectus.

Les constructeurs sérieux (il y en a) ont pensé que l'eau chaude était le véhicule le mieux placé pour transporter et émettre des calories dans les diverses pièces d'un appartement, et que pour résoudre le problème il suffisait d'essayer d'activer la vitesse de la circulation par un procédé plus puissant que la simple différence de densité due à l'élévation de température, sous la charge de quelques mètres d'eau.

De là sont nés les systèmes par pulsion (Rouquaud) et les systèmes par émulsion (Reek, Kœrting, Hamelle, etc.).

Système par pulsion. — Supposons un réservoir fermé R, en communication avec l'atmosphère par un tuyau T commençant près du fond, en nn', et s'élevant au-dessus d'un réservoir ouvert R' raccordé au réservoir R par un tuyau t, muni d'un clapet de retenue K.

Si on verse de l'eau dans le réservoir R', celle-ci s'écoule par le tuyau t dans le réservoir R, en soulevant le clapet K, l'air contenu dans le réservoir R pouvant s'échapper par un très petit trou i; puis l'eau s'élève dans le tuyau T, et il s'établit un niveau commun NN', à une hauteur F au-dessus de nn'.

Si on chauffe rapidement sous le réservoir R, l'eau se vaporise et la pression ferme le clapet K et force l'eau à s'élever dans le tuyau T, puis à se déverser dans

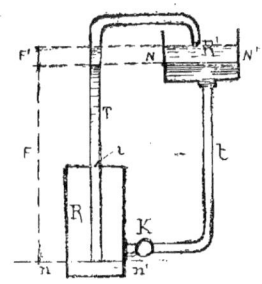
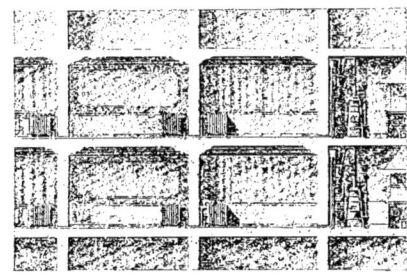

Chauffage à l'eau chaude par étages.

le réservoir R' jusqu'à ce que son niveau se soit abaissé au-dessous de nn', moment où la vapeur commence à s'échapper.

C'est le principe des lessiveuses, de certaines cafetières, des monte-jus, etc.

Si la vaporisation peut être suffisamment réduite pour simplement équilibrer la pression sur la face opposée du clapet K, pression qui peut être représentée par la hauteur F plus une petite hauteur F', il en résulte un état d'équilibre permettant une circulation continue de R' à R et de R à R', ce qui constitue un véritable thermosiphon avec interposition d'un matelas de vapeur à la partie supérieure du réservoir R.

L'organe principal du système par pulsion est le réservoir R. Le tuyau T est percé à sa partie supérieure de deux trous o, o, d'une section équivalente à celle du tuyau. Il est entouré d'un tuyau formant coulisse et portant à sa partie inférieure une cloche d'air f, f, formant flotteur.

Quand le réservoir est plein, le flotteur est soulevé, et la partie supérieure du tuyau formant coulisse est appliquée sur la partie supérieure du réservoir et bouche les ouvertures o, o.

Le flotteur est équilibré pour flotter vers une température de 95 à 96°, et son fonctionnement est toujours le même, quels que soient les modifications de température de l'eau.

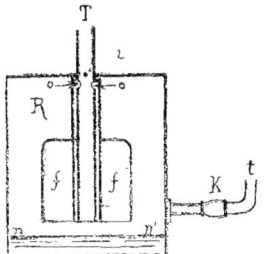

Aussitôt que le niveau de l'eau est redescendu en nn', le flotteur descend, démasque les ouvertures o, o, la vapeur s'échappe et la pression atmosphérique se rétablit dans le réservoir R, qui s'emplit d'eau à nouveau.

Il suffit donc de régler l'intensité du feu pour établir une périodicité dans un temps déterminé par les pulsions d'un volume d'eau égal à celui du réservoir R.

En pratique, ce système comprend une chaudière quelconque, le réservoir, ou propulseur R raccordé à la chaudière par les tuyauteries de va et vient a, d, contenant le flotteur f, et prolongé par le tuyau T jusqu'au réservoir R'. Ce réservoir est en communication avec l'atmosphère par un tuyau c. La circulation d'eau chaude, constituée par un tuyau unique t, descend du réservoir R', fait le tour de l'appartement à chauffer, et rentre à la chaudière à la partie basse avec interposition du clapet K. Les radiateurs B, B, sont branchés en dérivation sur ce circuit unique, et munis de robinets de réglage r.

Supposons que la hauteur de T est de 2 m. Pour que l'eau soit refoulée la pression de vapeur doit être égale au moins à celle de l'atmosphère, soit 10 m. 33, plus 2 m., et si on désire une vitesse de circulation de 1 m., d'une quantité $h = \frac{2g}{v^2} = 0,051$, ce qui représente $10,33 + 2 + 0,051 = 12$ m. 381, ou environ 1 k. 2 par cent. carré, ce qui correspond à une température de 105°.

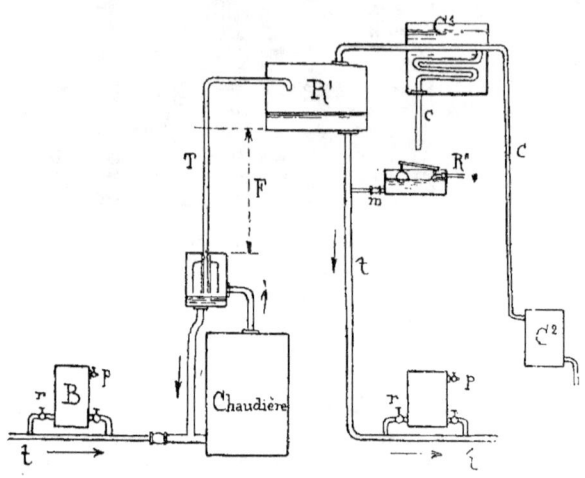

Chauffage et distribution d'eau par pulsion.

Supposons que la capacité du réservoir R est de 10 litres, et le diamètre du tuyau t de 25 m/m, soit 0 mq. 00049087 de section.

Pour chaque pulsion de 10 litres, la chaleur contenue dans l'eau sera de $10 \times 100° = 1.000$ calories. Celle qui s'évacuera en vapeur de $10 \times 5° = 50$ calories ; l'écoulement d'eau par seconde à la vitesse de 1 m. sera de 0 l. 49 et les 10 l. s'écouleront en 20 secondes.

On comprend donc qu'il est facile, en faisant varier la pression, de faire produire la quantité de pulsions par secondes correspondante au volume d'eau à faire circuler par heure pour abandonner les calories nécessaires au chauffage de l'appartement considéré.

A chaque pulsion correspondra 50 calories perdues en vapeur. Une partie de cette vapeur peut du reste être récupérée dans un serpentin C placé dans un réservoir C^1 qui fournira l'eau chaude aux services de toilette, offices, cuisines, salles de bain, et les eaux de condensation ramenées au chauffage par la bâche alimentaire R''. L'autre partie sera condensée dans un radiateur d'antichambre C^2, et l'eau de condensation sera perdue à l'égout.

Cette quantité est du reste extrêmement peu importante. Supposons un appartement qui nécessite 16.000 calories pour une température de 18° par — 7° extérieur. La pratique apprend que la moyenne d'un hiver est de la moitié du chiffre maximum, soit $\frac{16.000}{2} = 8.000$ calories en moyenne par heure.

Si on admet que l'eau, depuis son départ à 100° jusqu'à son retour à la chaudière vers 60° abandonne 40°, soit 40 calories au chauffage, il faudra par heure $\frac{8.000}{40} = 200$ litres d'eau en circulation, ou 20 pulsions de 10 litres.

On perdra donc au maximum $20 \times 50 = 1.000$ calories, soit environ 1,8 à 2 litres d'eau par heure, dont la moitié au moins sera récupérée par le réservoir d'alimentation.

Ce réservoir R'' muni d'un robinet flotteur branché sur la canalisation d'eau de la ville est raccordé au tuyau t par un branchement muni d'un clapet.

Lorsque le niveau s'abaisse entre 2 pulsions au-dessous de ce branchement, le clapet s'ouvre et le niveau se rétablit.

Système par émulsion.

Système par émulsion. — Supposons une chaudière à vapeur B, chauffant l'eau d'un réservoir C par un serpentin E raccordé à ladite chaudière par un tuyau d'alimentation de vapeur D E et un tuyau de retour d'eau condensée F G.

Si ce réservoir est raccordé à un réservoir d'expansion J par une canalisation d'ascension HI et une conduite de retour KLMNO sur laquelle sont branchés les radiateurs R, on a constitué un thermosiphon ou chauffage à eau chaude à basse pression, qui fonctionne comme nous l'avons vu précédemment en raison de la différence de densité due à l'élévation de température de l'eau, sous une charge égale à la différence de hauteur entre les deux réservoirs.

Supposons maintenant qu'en un renflement Q de la colonne d'ascension on raccorde un branchement P de la conduite de vapeur.

Aussitôt que la pression de vapeur dépassera celle correspondante à la différence de hauteur entre Q et J, la vapeur commencera à passer à travers la colonne d'eau, s'y condensera d'abord, puis s'y mélangera, c'est-à-dire l'émulsionnera.

La colonne étant plus légère par suite de son mélange de vapeur et d'eau, l'équilibre hydrostatique deviendra plus instable, et la vitesse de circulation sera augmentée.

La vapeur s'accumulant à la partie haute du réservoir, il faut s'en débarrasser, soit en refroidissant ledit réservoir, qui peut être utilisé comme un véritable radiateur, soit en

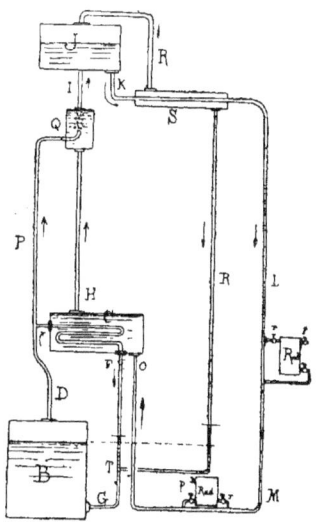

Distribution par émulsion.

la condensant dans un réservoir S placé autour du tuyau de retour d'eau chaude au réservoir H. C'est du reste cet excès de vapeur qui, à notre avis, est le point délicat du système.

On peut faire agir, du reste, la pression de cette vapeur sur le régulateur de pression de la chaudière, et régler ainsi le régime de marche de ladite chaudière par la vapeur, qui n'est en excès en réalité que lorsque la marche du système est trop importante pour la quantité de calories à produire.

Ce système a été appliqué tout d'abord, croyons-nous, par l'ingénieur Reck, de Copenhague, au chauffage des grands édifices. Il permet de placer la chaudière en un point quelconque du circuit, au-dessous, au même niveau, ou même à un niveau supérieur à celui des radiateurs.

L'Allemand Bruckner, puis les ingénieurs allemands Kœrting, puis d'autres encore firent breveter des dispositions analogues, basées sur le principe de l'émulsion. La maison Hamelle, de Paris, qui exploite le brevet Reck, a créé une disposition spéciale brevetée de chauffage des appartements par ce système.

Système par pulsion ou système par émulsion, le problème du chauffage hygiénique des appartements est donc maintenant résolu, sinon d'une manière absolument parfaite, tout au moins d'une façon assez pratique et satisfaisante. Depuis plusieurs hivers, ces installations fonctionnent, en attendant d'autres plus perfectionnées encore qui viendront en leur temps.

Ce genre d'installation n'est pas très onéreux (1.000 à 3.000 fr. par appartement), se prête à l'emploi des chaudières économiques en fonte, et, malgré les chances de fuites qui sont toujours à craindre avec les circulations d'eau chaude, on peut parfaitement le conseiller aux gens soucieux de leur santé.

CHAPITRE VI

CHAUFFAGE DE LUXE PAR L'ÉLECTRICITÉ (1)

Pourquoi, hélas, faut-il appeler chauffage de luxe le système le plus parfait, le plus facile à installer, à changer de place, à transporter d'un appartement à un autre, celui qui transforme en chaleur 95 à 98 % de l'énergie électrique qu'on lui fournit ? C'est que, malheureusement, si l'électricité est le véhicule idéal de la lumière, de la force motrice, de la chaleur, elle est aussi d'un prix inabordable pour les budgets modestes. C'est encore aujourd'hui ce que dans un langage imagé on nomme un sport de millionnaire !

Nous avons vu précédemment que les expériences de S. R. Mayer d'Heilbronn, en 1842, celles de Regnault et de Hirn, et surtout celles de Joule, avaient établi l'équivalence de la chaleur et du travail, et que toutes les fois qu'une certaine quantité de chaleur disparaît il y a du travail produit, et réciproquement (2).

Joule a établi que l'équivalent mécanique de la chaleur est de 424, c'est-à-dire que 1 calorie = 424 kilogrammètres.

Par exemple, si un poids de 1 kgr. tombe d'une hauteur de 424 mètres, le travail produit est équivalent à l'échauffement de 1 litre d'eau de 0 à 1°.

On sait qu'une calorie est la quantité de chaleur nécessaire pour élever 1 kgr. d'eau de 1°.

On donne quelquefois le nom, en électricité surtout, de *petite calorie* à la quantité de chaleur nécessaire pour élever un gramme d'eau de 1°.

Si on fait traverser un conducteur électrique par un courant électrique, une partie du courant, c'est-à-dire de l'énergie ou du travail disparaît dans le parcours, et est transformé en chaleur

$$Q = \frac{R I^2}{9,81 \times 424}$$

Q = quantité de chaleur disparue.
R = résistance électrique du conducteur en ohms.
I = intensité du courant en ampères.

$\frac{1}{9,81}$ = puissance électrique en wats par seconde.

424 = équivalent mécanique de la chaleur.

On peut donc constituer un radiateur électrique par un simple conducteur, enroulé par exemple en forme de spirale, et que l'on fait traverser par un courant électrique d'intensité supérieure à celle que ce conducteur est capable de supporter.

C'est le cas, par exemple, des rhéostats de démarrage, qui, pour lancer dans les enroulements des moteurs une quantité d'électricité qui augmente progressivement jusqu'au maximum, à mesure que le moteur prend sa vitesse, absorbent une certaine quantité d'énergie électrique, la transforment en chaleur et s'échauffent.

C'est aussi le cas des appareils de chauffage de tramways électriques, qui se composent tout simplement de fils enroulés autour d'isolateurs en porcelaine, et placés sous les banquettes, derrière des grilles ajourées.

La Société Crampton a imaginé d'enlever par conduction la chaleur du conducteur au fur et à mesure de sa production, en l'enveloppant dans une matière bonne conductrice de la chaleur, mais mauvaise conductrice de l'électricité, de manière à faire passer dans un fil de longueur et diamètre donnés le maximum d'énergie électrique sans risquer une élévation de température dangereuse pour le fil.

---

(1) Voir. *M. S. I.* du 25 janvier 1906.
(2) Communication faite le 2 février 1897 à la Société internationale des Electriciens, par M. L. V. Colin, Administrateur gérant de la Société du Familistère de Guise.

Le fil est d'abord entouré d'une mince couche de verre formant isolant électrique, qui l'entoure et le noie d'une manière absolue ; puis il est fixé par ce même verre sur une plaque métallique qui forme radiateur de chaleur.

Le problème est très délicat, car il faut que l'isolant soit élastique et se dilate ou se contracte avec le fil, qu'il ne soit pas fusible, très mauvais conducteur de l'électricité, et parfaitement adhérent avec la surface métallique, et qu'aucune bulle d'air n'existe, qui, en se dilatant, ferait éclater l'isolant.

Le fil choisi est généralement du maillechort, du ferro-nickel, du platine ou du fer ; l'isolant est le verre, la plaque rayonnante, munie ou non de nervures, est en fonte.

La surface de rayonnement de la plaque doit être suffisante pour que la température du fil ne s'élève pas au delà de 450°.

Supposons qu'on veuille transformer 1 hectowatt-heure en chaleur, avec une température de 250° au fil et 200° à la surface de la plaque.

$$1 \text{ hectowatt-heure} = \frac{100 \times 3.600}{9,81 \times 424} = 86,55 \text{ calories.}$$

En appliquant les formules de Dulong et de Péclet pour la chaleur rayonnée par mètre carré de surface verticale, on trouve qu'un mètre carré de plaque à 250°, placé dans une enceinte à 15°, émet par mq. et par heure 3.492 calories.

Si la surface est nervée, on peut multiplier par 1,5, ce qui donne 5.238 calories. Du côté du verre, on trouverait 3.172 calories.

Si les deux faces de la plaque sont utilisées, 1 mq. de plaque unie rayonnera 8.410 calories, et en pratique on prend une plaque de 1 dmq. pour 1 hectowatt-heure, et même pour 115 à 120 watts.

La Société des Anciens Etablissements Parvillée construit des résistances

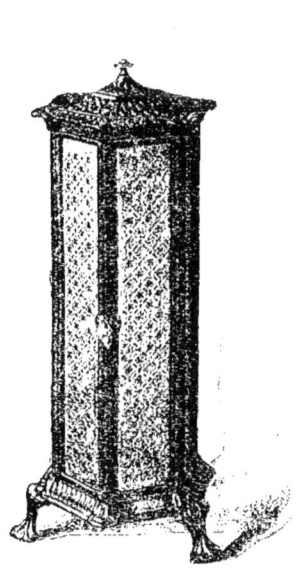

Poêle électrique.

métallo-céramiques, dont le principe est basé sur la réduction de conductibilité des métaux, réduits en poudre, et mélangés de corps spéciaux non conducteurs de l'électricité.

Ces mélanges moulés sous forme de plaques, crayons, barres, etc., sont passés à l'étuve à une température élevée et acquièrent ainsi une grande solidité. Ils peuvent ensuite à l'usage être portés à l'air libre à de très hautes températures par le passage des courants électriques, sans subir de détériorations.

Ces résistances peuvent absorber 16.500 watts par kgr. de matière, et dégager 14.000 calories, soit 0,848 calorie par watt absorbé. Si nous reprenions l'exemple précédent, une pièce de 50 mc., nécessitant 2.800 calories, absorberait par heure 3.500 watts, ce qui, à 0 fr. 10 l'hectowatt représente une dépense horaire de 3 fr. 50, prix sensiblement équivalent à celui trouvé précédemment (1).

Chauffe-pieds électrique.

La Société Parvillée, comme la précédente, construit des poêles électriques rayonnants, en fonte émaillée et nickelée, de 1.100 à 5.700 calories par heure, des braseros artistiques de 1.100 à 3.000 calories-heure, des grilles, fours, fourneaux, rôtissoires, chauffe-lits, chauffe-pieds, chauffe-fers, fers à repasser, fers à souder, etc., etc. En raison de la très haute température à laquelle elles sont portées, ces résistances émettent des rayons calorifiques lumineux qui donnent aux appareils de chauffage un aspect très agréable, et qui permettent pour les appareils destinés à la cuisine de griller à feu vif, résultat très intéressant.

Enfin, pour terminer la rapide esquisse des appareils de chauffage électrique, nous dirons un mot encore des résistances Le Roy. Ce sont des barres d'une composition de silicium offrant une grande résistance au courant, et qui selon l'intensité de ce courant sont portées au rouge, depuis le rouge sombre jusqu'au rouge vif. Chaque barre est disposée dans une ampoule en verre, remplie de gaz neutre, et terminée à chaque extrémité par une douille de prise de courant. L'ensemble forme ce que l'inventeur appelle une bûche électrique.

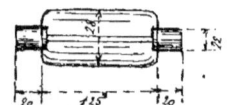

Résistance électrique ou bûche Le Roy.

On peut établir des bûches pour tout voltage demandé, et, en les montant sur des rampes, constituer des écrans radiants, des poêles rayonnants, et tous autres appareils analogues à ceux décrits ci-de   La durée de chaque bûche varie de 500 à 1.000 heures, et le prix en est minime.

Ce rapide exposé n'a pas la prétention de décrire tous les appareils de chauffage électrique, mais simplement d'indiquer les principaux types, ou tout au moins les principes sur lesquels ils sont basés.

Hélas ! quand le prix de l'hectowatt sera-t-il diminué de 99 o/o pour que les plus humbles puissent profiter de ces appareils si pratiques et si agréables, se mettant en fonctionnement ou s'arrêtant comme de simples lampes à incandescence, supprimant les poussières, les odeurs, les fumées, diminuant les chances d'incendie !...

---

(1) Cette société établit le prix de revient d'une pièce d'appartement de 4 m. × 4 m. × 3 m. 10 comme suit :
Un calcul de déperditions de calories lui indique pour cette pièce 2.800 calories-heure, soit 56 calories par mc.

Elle en déduit $\frac{56 \times 424 \times 9.81}{3.600} = 65$ watts-heure.

En admettant le prix de 0 fr. 10 l'hectowatt-heure sur les sections, le mètre cube chauffé coûtera donc 0,65 × 0,10 = 0 fr. 0650, et le chauffage d'une pièce de 50 mc. coûterait 3 fr. 25 par heure de chauffage.

Ce prix sera réduit à 1 fr. 95 pour les secteurs qui réduisent à 0 fr. 06 le prix de l'hectowatt employé au chauffage, et à 1 fr. environ chez l'industriel qui produirait lui-même son électricité à raison de 0 fr. 02 l'hectowatt.

On voit que ce prix est encore fort élevé, et loin d'être à la portée des petites bourses.

CHAPITRE VII

CHAUFFAGE DES USINES ET DES ATELIERS.

Longtemps avant la promulgation des lois protectrices de l'hygiène dans les ateliers, les industriels savaient qu'il est utile de chauffer leurs usines, car, améliorer le bien-être des ouvriers, c'est aussi s'assurer un meilleur travail, et par conséquent faire produire à la main-d'œuvre un meilleur rendement. Le chauffage des usines et ateliers trouve donc encore sa place dans une étude ayant pour objet principal l'économie dans le chauffage.

Dans les usines pourvues de moteurs à vapeur puissants, où la marche à condensation est tout indiquée pour produire le cheval-heure économique, on préfère habituellement chauffer par la vapeur vierge.

Chauffage par la vapeur vierge. — Dans ce cas, comme on a intérêt au point de vue de l'entretien et de la conservation des joints, et aussi de la sécurité dans les réseaux de tuyauteries un peu compliqués, à employer de la vapeur à pression réduite vers 1 à 2 kgr., on fait usage d'un détendeur régulateur de pression, placé à l'origine de la distribution de vapeur aux appareils de chauffage.

Il existe de nombreux modèles de détendeurs, à peu près tous basés sur le même principe. La vapeur arrivant dans l'appareil est obligée de soulever un piston équilibré par un contre-poids ou un ressort, de telle manière que sa pression de l'autre côté du piston est égale à la pression d'origine diminuée de la pression représentée par le contre-poids ou le ressort. Si par suite de la fermeture d'un certain nombre de robinets d'appareils de chauffage placés à la suite, la pression de la vapeur détendue tendait à augmenter, l'équilibre du piston serait rompu et celui-ci fermerait l'orifice d'arrivée de vapeur à la haute pression. La pression de vapeur détendue est indiquée par un manomètre, et garantie par une soupape de sûreté qui s'ouvre et laisse échapper la vapeur quand la pression augmente au delà d'une certaine limite fixe, 1 à 2 kgr. par exemple.

La vapeur à pression réduite est envoyée par des canalisations en cuivre ou en fer dans les appareils radiateurs, qui sont le plus souvent, par raison d'économie, constitués par des tuyaux à ailettes.

Les tuyaux à ailettes du commerce sont le plus souvent en fonte, avec ailettes venues de fonte et moulées mécaniquement. Les fonderies fournissent des tuyaux extrêmement bien faits, à prix très réduits, en longueurs variant de 1 m. à 2 m. 50, et représentant de 1 à 2 mq. 50 de surface de chauffe par mètre linéaire de tuyau. Ces surfaces condensent 1 k. 2 à 1 k. 5 de vapeur par mètre carré de surface de chauffe.

On assemble ces tuyaux à ailettes entre eux ou avec leurs tuyauteries d'alimentation au moyen de joints de brides et boulons de serrage, en interposant entre deux brides successives une rondelle compressible en amiante, en plomb, ou mieux encore une rondelle dite métalloplastique, et composée d'un léger bourrage d'amiante placé entre deux lames minces embouties de cuivre rouge.

La vapeur se condense en partie dans les surfaces à ailettes; pour l'arrêter à l'extrémité opposée à l'arrivée, et laisser évacuer seulement l'eau de condensation, on emploie des appareils nommés purgeurs automatiques.

Il existe de nombreux modèles, à flotteurs ou à dilatation, de purgeurs automatiques. L'un des plus simples et des plus économiques est le purgeur système Heintz. Il se compose d'une boîte en fonte, dans laquelle arrive le mélange d'eau et de vapeur, et qui renferme un tube manométrique en métal écroui, rempli d'un liquide se vaporisant à la température de la vapeur, fixe à une extrémité et terminé à l'autre par un pointeau qui ferme l'orifice de sortie du purgeur. Tant que le purgeur ne contient que de l'eau, le tube est contracté, et le pointeau laisse ouvert l'orifice pour l'écoulement de l'eau. Aussitôt que la vapeur arrive, le tube se dilate, et le pointeau vient fermer l'orifice de sortie.

Tous les purgeurs automatiques, quel qu'en soit le système, remplissent le même but, qui est de laisser sortir l'eau de condensation et arrêter la vapeur. L'eau est ordinairement, en raison de sa pureté et de sa température, renvoyée à la bâche d'alimentation de la chaudière.

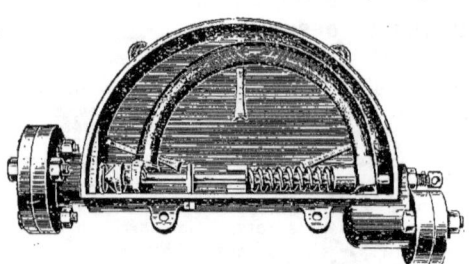

Purgeur système Heintz de la Maison SCHAEFFER ET BUDENBERG.

Chauffage par la vapeur d'échappement. — Quand on dispose de moteurs à vapeur de faible puissance, jusqu'à 25 ou 30 chevaux, pour lesquels la complication de fonctionnement à condensation ne serait pas compensée par l'économie réalisée par l'eau condensée, on a intérêt néanmoins à ne pas laisser perdre les 12 à 15 kgr. et plus par cheval-heure, de vapeur d'échappement. Cette vapeur contient en effet à la pression atmosphérique environ 530 calories par kgr., qu'il est donc extrêmement intéressant de ne pas laisser perdre. On s'en sert habituellement pour réchauffer l'eau d'alimentation, mais, étant donné que celle-ci ne peut utiliser que 80 calories environ par litre, depuis sa température d'arrivée à 12 ou 15 degrés jusqu'à son refoulement au générateur par la pompe alimentaire, il reste encore environ 450 calories qu'on peut chercher à utiliser.

On peut alors installer un réseau de chauffage à vapeur identique à celui dont nous parlions précédemment pour le chauffage par la vapeur vierge, en prenant simplement la précaution d'employer des tuyauteries de diamètres suffisants pour ne pas créer une contre-pression gênante au cylindre du moteur.

On a soin de placer à l'origine un robinet à 3 voies, analogue à celui employé pour envoyer la vapeur au condenseur ou dans l'atmosphère dans les machines à condensation. Ce robinet a l'avantage d'être toujours ouvert, soit à l'échappement libre, soit sur le chauffage, pour éviter toute contre-pression dangereuse. On le complète, du reste, par une soupape de sûreté, qui s'ouvrirait en cas de surchage accidentelle, et par un manomètre qui indique au mécanicien la contre-pression. On règle habituellement ces appareils pour 200 à 500 grammes de pression maximum.

Les installations de chauffage par la vapeur à basse pression sont extrêmement simples, fonctionnent parfaitement, sans aucun danger ni aucune surveillance ; elles n'exigent d'autre précaution que des joints très bien faits, pour éviter les fuites d'eau chargée de l'huile de graissage. Elles réalisent dans les questions de chauffage d'ateliers une véritable économie, très intéressante pour les industriels.

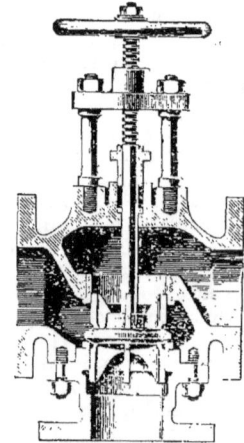

Robinet à 3 voies.

Disposition des surfaces de chauffe. — Les radiateurs ou surfaces à ailettes doivent être autant que possible disposées au-dessus du sol, sous les établis, devant les surfaces vitrées, partout en un mot où leur position ne gêne pas pour le travail des ouvriers et l'emplacement des machines ou du matériel.

Certains industriels les disposent dans des caniveaux, recouverts de grilles en fonte ajourées. Bien que la position en soit ainsi absolument rationnelle, l'auteur ne la conseille pas, parce que ces caniveaux sont bientôt remplis de poussières, d'eau, d'huile, de résidus de balayage, et deviennent ainsi des foyers d'infection à peu près impossibles à nettoyer.

Dans beaucoup de cas, on est obligé, faute de mieux, de placer les tuyaux à

Chauffage et ventilation des ateliers par les appareils STURTEVANT.

ailettes en élévation, lorsqu'aucun emplacement n'est disponible sur le sol, ou lorsqu'il serait impossible de passer les tuyauteries collectrices de purges. La disposition en élévation, à environ 2 m. 50 de hauteur, le long des parois extérieures ou suspendue sous les fermes, est assez mauvaise, parce que, d'une part, elle chauffe surtout la tête des ouvriers, et que d'autre part l'air chaud montant toujours par différence de densité, la partie au niveau du sol est mal chauffée. Il ne faut donc l'employer qu'à la toute dernière extrémité, et absolument faute de pouvoir faire mieux. Il est d'usage, dans ce cas, de majorer la surface de chauffe de 20 à 25 %, pour améliorer le rendement défectueux des appareils suspendus.

Certaines filatures, principalement dans l'Est, font usage dans ce cas de tuyaux en tôle rivés longitudinalement, ou soudés, ou construits par bandes enroulées en spirales.

Ces tuyaux, dont le prix relativement élevé a beaucoup restreint l'emploi, depuis les réductions de prix très importantes, des tuyaux à ailettes, ont l'avantage, pour les installations en élévation, de moins fatiguer les poutres et charpentes qui les supportent, en raison de leur poids beaucoup moins élevé.

Aéro-condenseur. — Lorsque les machines à vapeur marchent à condensation, il est à peu près impossible d'employer l'échappement au chauffage par la méthode précédemment décrite. On pourrait bien, en effet, concevoir théoriquement l'extrémité des purges d'un tel système raccordée au condenseur, mais pratiquement on aurait des déboires, parce que les joints de brides fort nombreux seraient autant d'obstacles au bon fonctionnement de la pompe à air et du vide au condenseur.

On a souvent avantage, dans ce cas, à faire circuler la vapeur dans des appareils construits spécialement, très étanches, et placés dans le voisinage du condenseur. Un ventilateur souffle sur ces surfaces de l'air frais aspiré à l'extérieur, qui s'échauffe à leur contact, et est ensuite distribué sous pression dans l'atelier par une série de conduites soit en maçonnerie dans le sol, soit en tôle, suspendues

en élévation, comme nous l'avons dit précédemment pour les tuyaux à ailettes.
Ce genre d'appareil est nommé aéro-condenseur. Il en existe de très nombreux modèles, composés en général de 2 récipients sur lesquels sont fixés, vissés ou sertis des tubes en fer, en cuivre ou à petites ailettes analogues aux radiateurs d'automobiles. Un ventilateur à hélice ou à force centrifuge force par aspiration ou par refoulement l'air à circuler autour de ces surfaces de condensation.

Ventilateur Strutevant pour aéro-condensation.

Si on a soin de disposer ce condenseur en " by pass ", de manière à ne pas y envoyer de vapeur pendant l'été, on peut se servir de la même installation, ventilateur et tuyauteries pour faire circuler de l'air frais pendant la saison d'été, ce qui réalise une solution élégante et pratique d'amélioration de l'hygiène de l'atelier, dont on renouvelle ainsi l'atmosphère par de l'air chaud en hiver, et par de l'air frais en été.

Dans les filatures, où l'atmosphère de l'atelier doit être conservée à un degré d'hygrométrie déterminé, on peut encore compléter le même appareil par un humidificateur, colonne à coke, toiles mouillées, pulvérisateur, et combiner en un seul groupement les appareils de chauffage, humidification et ventilation.

Aéro-calorifère. — Si on ne dispose pas de vapeur, on peut remplacer la batterie de condensation de l'aéro-condenseur par un calorifère à air chaud de construction spéciale, à rivure serrée et étanche, à joints de brides. Le ventilateur soufflant sur ce calorifère peut transporter à 25, 50, 100 mètres et même davantage l'air chauffé dans l'appareil...

Le foyer de ce calorifère étant combiné pour brûler les déchets de fabrication, sciures, copeaux, morceaux de bois, fraisil de forge, mâchefers et résidus de grilles de générateurs, on assure ainsi à peu de frais le chauffage et la ventilation combinés des ateliers. Cette installation possède aussi l'avantage signalé précédemment, d'assurer la seule ventilation pendant la saison d'été. Il suffit de faire fonctionner le ventilateur sans allumer le foyer du calorifère.

Utilisation des chaleurs perdues. — Enfin, il existe souvent dans certaines usines des gaz chauds, fumées de chaudières, de bouilleurs, d'appareils divers, qui sont évacués à une température plus élevée que celle qui serait strictement nécessaire pour assurer le tirage de la cheminée. Rien n'est plus simple que de constituer un aéro-calorifère parfait en faisant circuler ces gaz dans une série de coffres métalliques, placés dans une enveloppe, et sur lesquels un ventilateur insufflera l'air frais préalablement aspiré à l'extérieur ! Dans nombre de cas il est possible d'assurer ainsi, sans aucune dépense supplémentaire de charbon, le chauffage de tout ou partie d'un atelier. Et si on songe au nombre considérable d'usines dont les fumées sont évacuées vers 3 ou 400°, alors que 100 à 150 suffiraient au pied de la cheminée pour en assurer le tirage, on reconnaitra que le champ des économies et des améliorations est vaste pour les industriels soucieux de concilier l'hygiène de leurs ateliers avec l'économie bien raisonnée de leurs frais généraux.

Il est presque toujours possible, dans l'industrie surtout, de réaliser le problème rêvé de l'économie dans le chauffage.

La présente étude a montré que le résultat est moins facile à résoudre pour le chauffage de nos habitations.

Dans l'un et l'autre cas, il appartient au spécialiste dans la question du chauffage, de répondre à ce desiderata par l'application des méthodes modernes.

CONCLUSION

Et maintenant, après ce rapide exposé, vous êtes peut-être tout aussi embarrassés qu'autrefois dans le choix de l'appareil de chauffage idéal que vous devrez adopter. Il est bien difficile, en effet, de préciser que tel ou tel type conviendra parce que chaque cas particulier doit faire l'objet de l'étude particulière de l'ingénieur spécialiste.

Beaucoup d'appareils de chauffage sont bons, poêles, calorifères à air chaud, appareils à eau chaude, systèmes par la vapeur, lorsqu'ils sont bien installés. Consultez d'abord votre budget. S'il est maigre, les poêles et les calorifères sont seuls capables de vous donner satisfaction. S'il est suffisant, choisissez un chauffage par la vapeur ou par l'eau chaude. Mais dans un cas comme dans l'autre, souvenez-vous que le meilleur appareil est celui qui ne modifie pas les proportions et la composition chimique, ni l'état hygrométrique de l'air que vous respirez.

Prenez un appareil à parois bien étanches, pour éviter les infiltrations d'acide carbonique et d'oxyde de carbone choisissez-le à grande surface de chauffe, pour qu'il ne surchauffe pas votre air par des températures trop élevées.

Méfiez-vous des appareils à combustion lente ; avant de les employer, si vous en êtes réduit là, faites visiter votre cheminée pour vous assurer qu'elle n'est pas obstruée ; faites-y brûler pendant un moment de la paille humide pour vous assurer qu'elle va bien, qu'elle ne vous enfume pas, et qu'elle ne communique pas avec celle de vos voisins. Ne placez jamais un de ces appareils dans votre chambre à coucher ni dans celle de vos enfants, parce qu'en dormant on est asphyxié presque sans s'en apercevoir.

Les chambres ne doivent pas être chauffées, en principe, sauf en cas de maladie : alors faites de préférence un joyeux feu de bois dans la cheminée, ou, au pis aller, un feu de coke.

Et si votre situation vous permet l'installation d'un chauffage par l'eau chaude ou par la vapeur, soit pour votre appartement, soit pous votre hôtel ou votre château, adressez-vous à un bon constructeur, qui emploie un système éprouvé et justifié par de nombreuses références. Allez visiter quelques installations similaires de celle que vous projetez, renseignez-vous et ne faites pas école. Les constructeurs incompétents vous promettront la lune, vous pouvez être assuré qu'ils ne vous la donneront pas et que vous regretteriez amèrement d'avoir eu la naïveté de les croire, et de vous être laissé prendre par leurs fallacieuses promesses.

Téléph : 691.76   SOCIÉTÉ D'EXPLOITATION   Téléph.: 691.76
DES

FOYERS MICHEL PERRET

(RICHARD & Cie, 19, rue Scheffer, Paris, XVIe)

La seule construisant d'après les principes mêmes de l'inventeur

LE VÉRITABLE CALORIFÈRE A DALLES PERFORÉES

(JOINTS ÉTANCHES BREVETÉS S. G. D. G.)

Applications aux Villas, Châteaux, Églises, Hospices, Pensionnats,
Maisons de rapport, Chauffage d'eau et Séchoirs industriels

INSTALLATIONS GARANTIES CINQ ANS

ÉTUDES ET RENSEIGNEMENTS GRATUITS SUR DEMANDE

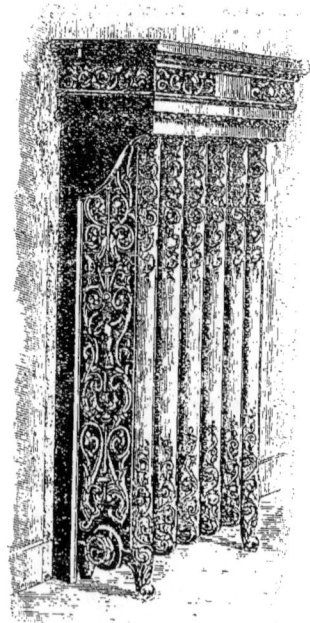

RADIATEUR RENAISSANCE

NESSI Frères

Paris, 17, rue de l'ARSENAL

Ingénieurs-Constructeurs (E. C. P.)

Chauffage Central

par la

Vapeur et l'Eau chaude

Systèmes Brevetés S. G. D. G.

Devis envoyés gratuitement sur demande.

CHAUFFAGE HYGIÉNIQUE

MÉDAILLE D'OR
Exposition Universelle Paris 1900

Le Poêle Calorifère
IRLANDAIS
brûle jour et nuit
à feu continu
avec l'anthracite ou
charbon moyen

100 MODÈLES A CHOISIR

Jolis poêles avec faïence artistique
à feu visible

Depuis **100** francs

Nouveau modèle LE GAULOIS

La Cheminée MUSGRAVE (La plus élégante)

Poêles simples pour bureaux, etc.

Depuis **60** francs

Grands modèles pour ateliers, etc.

Catalogue illustré franco sur demande

240, Rue de Rivoli, PARIS. Téléph. 292-01

CHAUFFAGE ET CUISINE
Faciles et pratiques avec les Appareils à pétrole
" FLAMME BLEUE "

Calorifères, Fourneaux, Réchauds
Système "THURON-VAGNER"

Les Brûleurs à pétrole, système Thuron-Vagner Brev. S. G. D. G., exclusivement employés dans nos appareils, sont les plus pratiques et les plus puissants. Ils peuvent être réglés à volonté et ne donnent absolument aucune odeur ni fumée.

RAPIDITÉ — SÉCURITÉ

Ils permettent de réaliser une économie de 40 0/0 sur les Brûleurs à gaz, qu'ils remplacent avantageusement pour la cuisine et le chauffage, par suite de leur mobilité et de leurs applications multiples. Tous nos appareils sont à mèches longues et plates et de forme carrée.

Fourneaux de 9 à 21 fr. 50

Envoi du catalogue franco sur demande

Bureaux et Ateliers : 19, rue des Couronnes, PARIS 20e. Tél. 936-32.
Salle d'exposition et de démonstration : 4, rue de la Michodière.
Calorifères de 25 à 45 fr.   PARIS (4e), Opéra.

On trouve aussi nos Appareils dans toutes les bonnes Maisons d'Articles de Ménage

Société Métallurgique de Montbard

TÉLÉPHONE
228-52

Siège social : 11, Place de la Madeleine

PARIS

Chaudières en tôle soudée

A LA SOUDURE AUTOGÈNE

Pour Chauffage à vapeur basse pression ou à eau chaude

CALANDRES POUR SERRES

Foyers — Bouilleurs — Réchauffeurs d'eau

TUYAUX LISSES EN TOLE SOUDÉE

Tubes acier SANS SOUDURE
POUR CHAUFFAGE PERKINS

Bacs, Réservoirs, Serpentins, etc.

Demander notre Catalogue spécial

Appareils de Mesure et de Contrôle

Jules RICHARD

FONDATEUR ET SUCCESSEUR
de la Maison RICHARD Frères

25, Rue Mélingue (Ancne imp. Fessart) — PARIS

Paris 1900
Saint-Louis 1904
GRAND PRIX
Liège 1905
Membre du Jury
HORS CONCOURS

Exposition et vente :
10, rue Halévy (près l'Opéra)
BAROMÈTRES ENREGISTREURS
VOLTMÈTRES ET AMPÈREMÈTRES
enregistreurs et à cadran

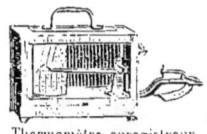
Thermomètre enregistreur

Modèles parfaitement apériodiques spéciaux pour traction
VOLTMÈTRES THERMIQUES (Brev. S. G. D. G.)
BOITES DE CONTROLE, OHMMÈTRES, ETC.
Fournisseur de toutes les grandes industries
et grandes administrations.

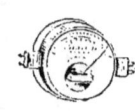

LE VÉRASCOPE
Jumelle Stéréoscopique, Breveté S. G. D. G.
Donne l'image vraie garantie superposable avec la nature
comme grandeur et comme relief.

NOUVEAUTÉ : Le **GLYPHOSCOPE**, breveté s. g. d. g. Nouvelle jumelle stéréoscopique
à l'usage des jeunes gens et des débutants en photographie. **35 fr.**

A CONSERVER

BULLETIN TRIMESTRIEL N° 0
Novembre 1905

BUREAU TECHNIQUE
du M. S. I.
8, Rue Nouvelle, 8, PARIS (9e)

(Fondé en 1899)

Téléphone 316-20
Adresse Télégraphique : **MSI-PARIS**.

Toute personne faisant des recherches scientifiques ou industrielles a intérêt à se mettre en relation avec le " Bureau Technique "

L'Encyclopédie générale!!! idée splendide, mais impossible maintenant, étant donné l'état actuel, sans cesse grandissant, des connaissances humaines, à réaliser dans un livre. Pour qu'elle existe, il faut qu'elle soit vivante, il faut que chacune de ses parties, même les plus infimes, se maintienne au courant des progrès incessants, sous peine de la voir en un instant arriérée et sans utilité pour son lecteur. C'est cet organisme vivant et intelligent que nous avons cherché à réaliser par le **Bureau Technique du M. S. I.**

L'ingénieur et l'industriel sont constamment arrêtés dans leurs travaux par des difficultés qui sortent de leur compétence et il leur est difficile de trouver un concours technique à la fois sûr, impartial, et offrant toutes les garanties de **secret professionnel** *désirables. C'est pour remédier à cet inconvénient que nous avons fondé, dès 1899, l'Encyclopédie* vivante *du* **Bureau Technique du M. S. I.,** *qui répond à toute demande, fournit tout conseil pratique, etc.*

Destiné à compléter notre Revue mensuelle d'Information, le **" BUREAU TECHNIQUE "** *est à même de répondre à* **toute question qui lui est posée,** *quel qu'en soit l'objet.*

Il est constitué par une association de 235 *Ingénieurs spécialistes et praticiens que, pendant quatre années de préparation, nous avons patiemment réunis, assemblés pour faire un tout homogène, dont les intérêts soient communs ; et dont la compétence est maintenant établie comme indiscutable, ainsi qu'en font foi les nombreuses et flatteuses attestations venues de nos clients, sur les études que nous avons livrées et sur les fascicules que nous faisons paraître trimestriellement dans la* **Bibliothèque pratique du M. S. I.**

Nos travaux ont d'ailleurs reçu une consécration officielle : dans sa séance du 11 février 1905, le Conseil d'Administration de l'Association française pour l'Avancement des Sciences nous a décerné un prix à ce sujet.

A côté de ce groupement, nous avons entrepris l'établissement d'un **Grand Répertoire Technique International** *dans lequel nous indexons, d'une façon régulière, les titres de tous les articles ou mémoires publiés par les* 510 *Revues techniques; françaises anglaises, américaines, allemandes, autrichiennes, canadiennes, australiennes, etc., etc., que nous recevons périodiquement.*

Cette indexation se fait sur fiches et ces fiches sont classées méthodiquement.

Ayant allié de la sorte la pratique et la documentation scientifique, on comprend tous les services que peut rendre notre organisation.

Après avoir très rapidement réuni sur la question qu'on nous pose toute la documentation que nous avons, nous la transmettons au spécialiste compétent.

Nous sommes donc en mesure de **résoudre tout problème** *relatif aux sciences pures, à l'industrie, ou aux sciences économiques, moyennant des* **honoraires convenus d'avance.**

Nous tenons à la disposition de nos clients de nombreuses lettres de référence.

Nos travaux sont toujours exécutés par un spécialiste, **praticien** *et non homme de bureau ; chaque mémoire est toujours revu avec soin avant d'être transmis ; cette revision ayant pour but de vérifier si le mémoire répond bien aux désirs et aux besoins du demandeur.*

Le **Mémoire en réponse**, *sommaire ou détaillé, suivant la demande, est accompagné de schémas, de croquis ou de dessins. Il est établi, soit sous forme de* **notes** *qu'on peut employer pour compléter ou documenter un travail, soit sous forme de* **mémoire** *définitif, avec tous les soins de rédaction nécessaires.*

Les correspondants sont priés de **bien préciser** *les questions sur lesquelles ils désirent un éclaircissement ou une étude, et de communiquer tous les détails qu'ils possèdent déjà eux-mêmes, car toute diminution dans les recherches préliminaires permet au* " **BUREAU TECHNIQUE** " *de réduire le* **prix**, *ainsi que le* **délai** *de livraison.*

Les prix sont toujours extrêmement modérés.

Dans le cours de 1901 nous avons répondu à	140 demandes
En 1902, à	328 —
En 1903, à	1,380 —
En 1904, à	2,545 —

venues de toutes les parties du monde.

FONCTIONNEMENT

Le fonctionnement pratique du " **Bureau Technique** " est très simple. On expose, clairement (1) avec tous les détails possibles et la plus grande précision, la **question** que l'on désire voir traiter, soit *sommairement*, soit *complètement, en joignant un timbre pour la réponse*. Par courrier, au plus tard dans la semaine, le " Bureau Technique " fait connaître les conditions d'honoraires et de délai dans lesquelles il peut exécuter le *travail* demandé, mais celui-ci n'est commencé qu'après réception de l'acceptation des prix et délai de livraison. Le client passe alors sa commande en joignant *la moitié des honoraires* pour un montant supérieur à 20 francs et le *total* pour 20 francs et au-dessous (2).

Les *travaux* du " **Bureau Technique** " sont exécutés en *français, anglais, allemand, espagnol, italien*, etc., selon le désir des correspondants.

Ces *travaux* sont la propriété absolue des clients ; la discrétion professionnelle la plus stricte est observée. Le secrétariat seul connaît les noms et adresses des correspondants.

NOTA. — Il y a lieu de préciser dans la demande au " Bureau Technique " si les indications ou travaux que l'on désire concernent seulement *l'une* ou *quelques-unes* des industries *françaises, allemandes, américaines, anglaises*, etc.

Les conditions de prix et de délai sont fixées séparément pour chacune de ces industries.

SERVICE DES TRADUCTIONS, ANALYSES & COPIE

Le " **Bureau Technique** " se charge d'effectuer la traduction en *français* de tout article, mémoire, etc., *anglais, allemand, hollandais, suédois, polonais, russe, espagnol, portugais*, etc., et réciproquement de toute lettre, mémoire, cahier des charges, etc., de *français* en *portugais, espagnol, russe*, etc.

Ses *collections de publications étrangères* lui permettent de fournir sur simple indication de date, la *traduction de tout article paru depuis* **1890**.

Notre " **Bureau Technique** " est la seule organisation dont toutes les traductions sont faites par des ingénieurs spécialistes.

TARIF { 1 fr. les 100 *mots*. / 8 fr. les 1000 *mots*. } { Anglais, Allemands, Espagnol, Italien en Français. } { 1 fr. 25 / 10 fr. » » } { Pour les autres langues. }

Le " **Bureau Technique** ", lorsque la traduction littérale d'un article est trop coûteuse, se charge de faire une analyse très complète contenant tous les renseignements importants moyennant une rétribution moindre.

TARIF : 5 fr. les 1,000 *mots*.

---

(1) Quand nos demandeurs nous posent à la fois plusieurs questions sur des objets différents, nous les prions de le faire sur des feuilles séparées, pour la rapidité, la facilité du travail, et pour diminuer les faux frais. Chaque question est munie d'un numéro qu'il est très important de reproduire dans toute la correspondance.

(2) Cette règle que nous avons été obligé d'adopter et qui consiste à demander le versement d'une partie des honoraires à la commande, nous a amené quelquefois des observations toujours pénibles. Nous tenons observer que le caractère extrêmement particulier des travaux qui nous sont demandés, justifie pleinement notre mode de paiement, car si un client venait renoncer à sa demande, il nous serait tout à fait impossible d'en effectuer ailleurs le placement. Le solde est payable à la livraison.

Le " **Bureau Technique** ", lorsqu'on désire avoir, dans un *délai très court*, communication d'un document, notice ou article en n'importe quelle langue, en fournit copie, ce qui évite bien souvent les pertes de temps occasionnées par les retards des éditeurs ou administrations des journaux.

Tarif { 2 fr. les 1000 *mots* pour les textes Français.
       { 3 fr. — — — Etrangers, en lettres latines.

SERVICE DES ADRESSES & CATALOGUES

Lorsqu'on désire acheter une machine quelconque, il est toujours difficile et long de se procurer *l'ensemble des adresses et des catalogues* des Maisons construisant spécialement ce genre d'objets.

Notre *Index des Fabricants*, constamment remis à jour, permet de fournir à volonté l'ensemble des catalogues *français, anglais, américains, belges*, etc., et cela dans des conditions extrêmement modiques.

Notre méthode ordinaire consiste à donner les adresses des spécialistes ; sur demande nous avisons ces spécialistes en les priant d'adresser leur catalogue à notre demandeur.

Dans certains cas, pour éviter les démarches répétées et souvent désagréables des représentants nous acceptons, moyennant des honoraires plus élevés, de réunir les catalogues.

Mais en aucun cas nous ne nous chargeons de réunir pour un client les catalogues de ses concurrents.

SERVICE DES BIBLIOGRAPHIES

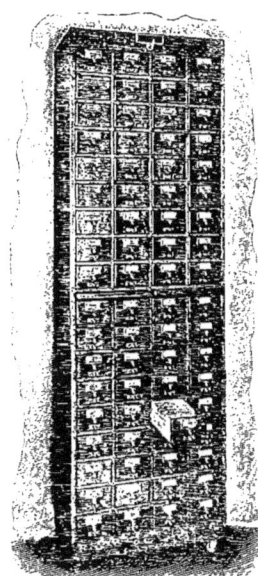
Meuble à fiches.

Notre " **Bureau Technique** ", grâce à une collection unique de 7.000.000 **de fiches**, est à même de fournir très rapidement et moyennant des *honoraires très réduits* la Bibliographie des **articles** ou **traités spéciaux** qui ont paru en France comme à l'Etranger sur toute question technique, scientifique, juridique, commerciale, etc.

Ici nous tenons à attirer spécialement l'attention du lecteur.

Refaire ce qui a déjà été fait, réétudier ce que d'autres ont déjà étudié, est une grande faute pour l'industriel dont le temps précieux doit être utilisé le mieux possible.

Le célèbre milliardaire américain Carnegie, dans son ouvrage *L'empire des affaires*, parmi de nombreux conseils, basés sur une expérience dont les fruits sont à envier, s'exprime ainsi à sur ce sujet :

« Au cours de mon expérience de manufacturier, je sais « que notre maison a commis de nombreuses fautes, en « négligeant cette seule règle :

« *Ne jamais rien entreprendre avant que les directeurs « aient été à même d'examiner tout ce qui a été fait, sur « la surface de la terre, dans leur spécialité.* »

Il est évidemment difficile de tout aller voir, mais le nombre des Revues techniques du monde entier qui atteint aujourd'hui plus de 1,000 est tel que rien ne se produit, rien ne se crée sans qu'il en soit publié quelque part une note, souvent une description et un dessin, quelquefois des planches détaillées.

On pourra donc dire qu'aucun ingénieur ou industriel *ne devrait jamais rien entreprendre avant d'avoir pris connaissance de tout ce qui a été fait sur le même sujet.*

Que d'argent économisé de la sorte, quelle sécurité dans le résultat final, et quelle supériorité dans la lutte contre la concurrence.

Malheureusement, jusqu'à ces dernières années, ce genre de recherches était fort coûteux et d'un résultat incertain. L'industriel ou l'ingénieur étaient obligés de les faire eux-mêmes, ou de s'adresser à un sous-ordre auquel le résultat était indifférent.

Aussi ce procédé était-il peu répandu malgré ses nombreux avantages, 99 fois sur 100 on n'y faisait pas appel.

Depuis quelques années, il s'est créé des offices spéciaux qui ont entrepris de faire ces recherches bibliographiques pour le compte de l'industriel.

Jusqu'à présent, seule notre organisation offre toutes les garanties désirables, les autres l'ont imité ; mais pas dans l'organisation, dans la réclame seulement.

Elle prête d'ailleurs déjà son concours aux plus grandes maisons industrielles de France.

Son organisation, essentiellement méthodique, est des plus simples. Elle reçoit régu-

Nous tenons à la disposition de nos clients de nombreuses lettres de référence.

lièrement le service de 540 Revues techniques françaises et étrangères. Au fur et à mesure de leur arrivée, ces publications ainsi que les volumes des éditeurs, les notices, etc., sont dépouillées méthodiquement, les titres de tous les articles ou chapitres sont mis séparément sur des fiches, et ces dernières sont classées aussitôt dans des meubles spéciaux, par une méthode originale.

En moins de cinq minutes, on peut dans la masse totale retrouver toutes les fiches sur un même sujet, et en établir la *Bibliographie simple*, donnant le nom de l'auteur, le titre de l'article en français, et toutes les indications d'origine sans abréviations.

Dans d'autres cas, nous fournissons la *Bibliographie détaillée*, contenant, outre les renseignements ci-dessus, le résumé des documents pratiques contenus dans le mémoire original, et enfin la *Bibliographie très détaillée* donnant tous les renseignements contenus dans l'article, le volume ou la notice concernant un point de vue particulier du sujet qui nous est indiqué par le demandeur.

Voilà donc l'industriel ou l'ingénieur à même de réunir rapidement, sans effort, pour une dépense minime et quel que soit leur isolement tout ce qui a été fait, sur un problème déterminé, ils vont pouvoir profiter des essais antérieurs, éviter bien des insuccès et augmenter leurs chances de réussite : toutes considérations importantes à notre époque de *time is money*.

Exemples :

Fabrication des encres, 96 fiches.
Filtres à sable, 50 fiches.
Fabrication des émaux, 35 fiches.
Conservation de la viande, 47 fiches.
Calorifuges et isolants thermiques, 41 fiches.

Huiles lourdes appliquées au chauffage, 62 fiches.
Labourage électrique, 26 fiches.
Paiement des salaires système à primes, 99 fiches.
Turbines à vapeur, 127 fiches.

SERVICE DES ÉTUDES & PROJETS

1° Etudes financières.

Nous nous chargeons d'établir des rapports sur *l'état d'une industrie*, d'un commerce en général, ou bien dans un cas particulier, nos documents et nos correspondants nous permettent de fournir très rapidement tous renseignements sur les *conditions d'importation* de tel ou tel produit dans un pays quelconque.

Exemples de questions résolues :

Etat du commerce de l'acide borique dans le monde entier ; pays dont l'exportation est en décroissance ? Donner tous renseignements économiques.

2° Etudes économiques.

L'économie industrielle comprend deux choses bien distinctes :

1° L'étude économique de toute installation nouvelle, ce qui est indispensable avant de faire la moindre dépense, mais ce qui ne peut être fait que par des spécialistes.

2° L'économie ouvrière, le paiement des salaires, etc. Pour cette dernière question nous nous sommes faits une spécialité de la mise en pratique et de l'étude des meilleures méthodes rationnelles depuis la publication de notre monographie sur *Les Méthodes modernes sur le Paiement des salaires* qui eut un si grand succès.

Exemples de questions résolues :

1° Désirant installer une verrerie dans une colonie, je vous serais obligé de me fournir un devis, un prix de revient détaillé dans les conditions particulières où je suis ; et une estimation des bénéfices.

2° J'ai beaucoup entendu parler du « système à primes » pour le paiement des ouvriers, mais de la lecture à la mise en pratique il y a une marge considérable. Je fabrique des bicyclettes. Veuillez me fournir un rapport pratique détaillé, en obviant aux objections faites dans la note ci-jointe. Me donner tous modèles de tickets, etc.

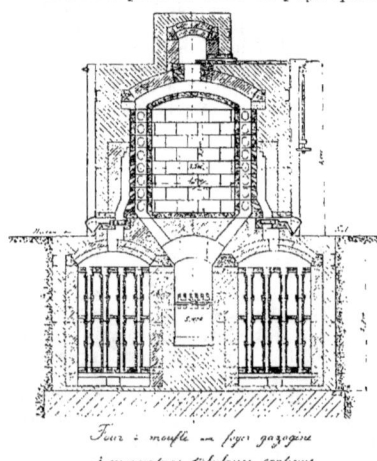

Four : moufle — foyer gazogène à récupérateurs tubulaires continus

Spécimen de plan d'installation fourni par le
Bureau Technique
(Nous avons de la sorte livré récemment des plans de fours à recuire, de fours à chaux, d'un four Martin ; tous ces plans sont établis par nous avec toutes les indications permettant la construction sur place).

3° Etudes industrielles.

Ce service a pour rôle de fournir des monographies, des rapports techniques, des études, des projets et plans d'installations d'usines, des devis, des conseils techniques, des détails pratiques de prix, de coût de main-d'œuvre, des chiffres de rendement, en un mot tous renseignements qui ne sont dans aucun ouvrage et dans aucune publication. Afin de faciliter le travail, ce service est divisé en quatre sections, ayant chacune, pour la diriger, un ingénieur spécialiste praticien :

I. — Section du génie civil et des travaux publics. — Utilisation des chutes d'eau. — Barrages. — Constructions métalliques, en ciment armé, etc. — Maçonneries, Ponts, etc.

II. — Section d'électricité et de mécanique et physique industrielles. — Etude et vérification de toute installation de force motrice. — Emploi de force perdue. — Emploi de l'électricité dans les ateliers. — Eclairage. — Chauffage. — Séchage. — Ventilation. — Froid industriel.

III. — Section des industries chimiques, céramiques et agronomiques. — Fabrication des produits chimiques : Ex. : Sulfate de cuivre, acide tartrique, etc. — Modifications d'usines déjà existantes. — Conservation des produits alimentaires. — Bières, cidres, etc. Extraction et purification des huiles. — Utilisation de tous résidus. — Céramique et verre. — Engrais, leur emploi. — Tannage.

IV. — Section des mines et métallurgie. — Travaux de mines : épuisement, serrements, etc. — Fabrication de tous agglomérés (charbon, sciure de bois, etc., etc.) — Traitement, enrichissement mécanique et briquetage des minerais. — Fonderie et métallurgie de l'acier. — Alliages spéciaux : Bronze, etc. — Electrométallurgie.

1re Section. — GÉNIE CIVIL

Nous nous sommes occupés avec succès d'un très grand nombre de questions sur la construction de ponts, confection de routes, utilisation de chutes d'eau, et malgré l'importance considérable qu'atteignent toujours les questions qu'on nous pose dans cette section, nous avons maintenant une clientèle fidèle et régulière.

2e Section. — PHYSIQUE INDUSTRIELLE

La **Physique industrielle** occupe dans l'industrie une place prépondérante ; la *force motrice*, le *chauffage*, l'*éclairage*, la *ventilation*, le *séchage*, le *froid artificiel*, l'*électricité*, sont autant de questions que tout industriel est appelé à mettre en jeu d'une façon ou d'une autre, et dans chaque cas il est utile pour lui d'éviter les insuccès et de profiter de l'expérience des autres.

Notre rôle est donc de le *guider*, de le *conseiller* dans une installation nouvelle, de vérifier si une proposition qui lui est faite répond exactement à ce qu'il désire obtenir, de lui préparer des *contrats* d'achat qui garantissent pleinement ses intérêts.

Ci-dessous, quelques *spécimens* des questions que nous résolvons **régulièrement** et **rapidement**.

Ventilation, aération. — Les lois régissant les conditions de travail imposent aux industriels d'observer certaines règles. Il est intéressant pour eux d'obtenir le résultat exigé avec une dépense aussi réduite que possible et d'éviter d'entreprendre une installation qui, une fois terminée, ne donne pas le résultat désiré. Nous nous sommes spécialisés dans l'examen des devis et projets de constructeurs qui sont toujours remplis de belles promesses.

Séchage. — Beaucoup de résidus industriels pourraient être utilisés si l'on pouvait les dessécher, tels les résidus de cidrerie, etc. Il faut, dans ce cas, produire un séchage très économique.

Les mêmes difficultés se présentent pour d'autres produits naturels comme les varechs riches en sels minéraux.

Par l'emploi d'un outillage bien étudié, ces industries peuvent être rémunératrices.

Froid artificiel et glacières. — L'industrie de la glace s'est développée très rapidement durant ces dernières années. Nous avons déjà réalisé plusieurs fabriques de glace artificielle, mais nous nous sommes préoccupés aussi de l'établissement de glacières permettant l'emmagasinement mécanique de la glace naturelle et le débitage automatique de glacière accumulée.

Cette industrie nécessite un outillage spécial, peu coûteux, mais indispensable pour avoir un gain important.

Electricité. — L'électricité est aujourd'hui employée dans toutes les industries. Dans chaque cas, il faut profiter de l'expérience acquise pour obtenir le meilleur résultat et éviter les insuccès. Notre très nombreuse documentation et notre pratique en la matière nous permettent de fournir bien des renseignements utiles que le constructeur n'a pas toujours intérêt à fournir.

Chutes d'eau. — Tout le monde aujourd'hui a sa chute d'eau. On ne rêve que l'utiliser ; on va alors chercher un constructeur dont le premier intérêt est de fournir du matériel quel que soit le résultat obtenu. Nous nous sommes préoccupés de renseigner les propriétaires sur la valeur exacte de ce qu'ils possédaient ; d'en étudier la valeur économique, et tout en en prévoyant l'utilisation, d'en rechercher des applications avantageuses dans le cas où l'on n'en avait pas. Nous avons, en effet, comme principe, dans la plupart des cas, d'entreprendre une étude économique avant tout travail technique. Avant de dépenser, il faut étudier s'il y aura bénéfice.

Déchets de coke et poussiers. — « Nous avons dans notre usine à gaz des déchets de coke et des poussiers de charbon de terre. Actuellement, nous ne pouvons les utiliser. Pourriez-vous nous trouver un moyen avantageux de les employer soit pour chauffer nos cornues, soit autrement. Veuillez nous préparer un travail complet sur les emplois possibles ou déjà réalisés de ces résidus. »

Moteurs à gaz pauvre. — Cette question est tout à fait à l'ordre du jour ; elle a donné lieu à des échecs qui font hésiter beaucoup d'industriels à les employer. D'autre part la construction bon marché et peu soignée a créé une suspicion qui peut être légitime dans certains cas particuliers mais pas toujours. La multiplicité des modèles existants permet dans chaque cas de résoudre le problème avec avantage. Au cours de cette année, nous avons étudié une vingtaine d'installations de ce genre en faisant chaque

Nous tenons à la disposition de nos clients de nombreuses lettres de référence.

fois profiter nos clients de notre expérience, et leur préparant les contrats d'achat qui garantissent leurs intérêts. Dans chaque cas les avantages obtenus ont été au moins dix fois supérieurs aux honoraires qui nous ont été versés.

Moteurs à vent. — Peut-on utiliser pratiquement le vent comme force motrice ? Tel est le problème que l'on s'est posé depuis plusieurs années. Il a été résolu par l'affirmative avec avantages dans nombre de cas. Nous avons suivi avec soin tous ces essais, en nous documentant chaque fois sur la disposition adoptée et les résultats obtenus.

Nous croyons en effet le problème digne d'intérêt dans nombre de cas particuliers.

Station centrale. — « Nous avons actuellement trois vieilles machines à vapeur en divers points dans notre usine.

« Cette disposition n'est pas économique. Nous désirons remanier tout cela et avoir un groupement selon les meilleures conditions économiques. Veuillez donc tout d'abord étudier l'installation d'une centrale de 750 chevaux. Si vous choisissez la vapeur, indiquez-nous la forme de chaudière qui donne le meilleur rendement. Y aurait-il moyen aussi de n'être pas l'esclave des chauffeurs par une alimentation mécanique des foyers ? Renseignez-nous sur la surchauffe de la vapeur, et les machines à piston valve. Vous étudierez ensuite une distribution électrique. »

Chauffage économique. — Le chauffage des locaux, magasins ou ateliers nécessite toujours une dépense élevée parce qu'elle se reproduit chaque jour; il est donc utile de chercher à avoir une installation aussi économique que possible.

Des progrès récents ont permis de réduire considérablement la dépense d'installation, surtout lorsqu'il s'agit d'ateliers d'une certaine importance.

D'autre part, dans certaines installations spéciales, on a besoin d'obtenir une température régulière nécessitant dans chaque cas une étude spéciale.

Eclairage économique. — Beaucoup d'ateliers sont installés dans des villes où n'existe pas le gaz d'éclairage. Cela les oblige à employer le pétrole qui est malpropre, dangereux et éclaire mal. Depuis quelques années, on peut fabriquer son gaz soi-même presque automatiquement sans avoir recours à l'acétylène qui est très dangereux. Le tout est d'employer un appareil sérieusement étudié et offrant toutes les garanties. On peut utiliser le même gaz pour le chauffage et le brasage. Nous avons étudié cette question avec beaucoup soin depuis trois ans et nous pouvons donner tous renseignements.

3ᵉ Section. — INDUSTRIES CHIMIQUES

L'**industrie chimique** plus que toute autre est une industrie de tours de mains et de secrets de fabrication : la pratique y joue un rôle prépondérant ; des causes parfois insignifiantes empêchent souvent la réussite d'une fabrication ou son succès auprès de la clientèle ; notre rôle y est donc des plus précieux, puisqu'il permet de trouver l'aide et l'appui permettant de résoudre ces problèmes de chaque minute. Notre organisation est à même également de renseigner efficacement sur toute **nouvelle industrie** que l'on veut entreprendre et pour lesquelles on était obligé jusqu'à ce jour de se mettre entre les mains de constructeurs spéciaux, lesquels en abusaient quelquefois pour placer des appareils imparfaits ou démodés.

Nous avons complété ce service, en entreprenant à forfait la **surveillance du montage** de toute usine, en préparant les **contrats** à passer avec les constructeurs, et en exécutant la **mise en route** du matériel, ce qui supprime tout aléa pour le capitaliste.

Ci-dessous quelques *spécimens* des questions que nous résolvons **régulièrement et rapidement**.

Dextrine, Fécules, Amidons, etc. — Ces produits, dont la consommation augmente journellement, peuvent donner lieu à une fabrication avantageuse lorsqu'on dispose de pommes de terre, céréales ou autres féculents, dans de bonnes conditions. Nous pouvons fournir tous renseignements sur la fabrication, tours de mains devis et plans d'installations, adresses de constructeur, surveiller le montage de l'usine et faire la mise en route.

Extraits tanniques, tannins, etc. — Malgré l'emploi du chrome, les extraits tanniques ont un usage très important. L'étude économique d'une future usine permet de se rendre compte de l'intérêt qu'il y a à l'établir dans les conditions particulières où l'on se trouve (déchets de bois de chêne, de châtaignier, etc.) Nous pouvons fournir tous renseignements pour le montage d'une usine par les procédés modernes et perfectionnés. Devis et plans d'installation. Surveillance du montage de l'usine. Mise en route.

Briques de liège. — L'emploi de ces briques se répand chaque jour davantage pour la construction des glacières, des entrepôts frigorifiques, des habitations exposées au soleil, des cloisons aphones, etc. Nous avons étudié tout spécialement la fabrication de ces produits, en utilisant comme matière première les déchets de liège de toutes fabrications. Avec un outillage très réduit et peu coûteux, cette fabrication très avantageuse peut être entreprise. Nous fournissons tous les renseignements pratiques et économiques nécessaires.

Silice pulvérulente, Kieselguhr. — Le nombre des gisements de silice pulvérulente était autrefois très restreint, mais, par suite des recherches faites dans ces temps derniers, le nombre a augmenté considérablement, et l'écoulement de ce produit est devenu plus pénible. Nous avons étudié tout spécialement les emplois industriels dans tous leurs détails, et nous avons déjà installé plusieurs usines qui en tirent profit assez facilement, en particulier pour les calorifuges, les briques aphones, les filtres, etc., etc.

Conservation du lait. — La fabrication du lait conservé est une industrie nouvelle, très florissante, qui peut donner lieu à des bénéfices importants si elle est entreprise sans aléa. Nous avons spécialement étudié cette question soit comme lait frais par l'oxygène, lait cuit, lait concentré, lait en poudre. Les questions de bouchage et d'obturation toujours délicates ont fait de notre part l'objet d'études pratiques suivies. ce qui nous a permis d'étudier plusieurs installations de ce genre.

Conserves alimentaires. — Comme la précédente. cette industrie nécessite beaucoup de tours de mains qu'un praticien seul peut faire connaître. Nous avons en particulier étudié l'installation de fabriques de conserves de sardines. sécheries de poissons fumés, conserves de fruits et légumes ; fabrication d'extraits de viandes. etc.

Les Américains ont beaucoup perfectionné ces industries et nous nous tenons au courant très régulièrement de leur matériel nouveau et de leur mode opératoire.

Poterie de fonte inoxydable. — Cette industrie était jusqu'à présent l'apanage de quelques maisons importantes seulement. Nous l'avons étudiée d'une façon complète et pratique ; d'autant plus que l'emploi de machines à mouler mécaniquement assurait à cette fabrication un abaissement de prix de revient assez notable. Nous nous chargeons de fournir tous renseignements économiques et pratiques, plans des jours, etc.

Laitonage électrolytique. — Jusqu'à présent on était parvenu à déposer couramment par galvanoplastie, le cuivre. le nickel, l'or et l'argent. Le dépôt du laiton dans les mêmes conditions était une question de la plus haute importance, pouvant rendre de très grands services dans l'industrie. Après des essais répétés nous sommes parvenus à résoudre ce problème d'une façon complète et absolument pratique. Nous pouvons fournir tous renseignements à cet égard, surveiller et mettre en route toutes installations de ce genre.

Teinturerie et Blanchiment. — Les questions de teintures résistant aux acides, sur laine, coton et soie. de teinture de la paille, du chanvre et des plumes, nous sont particulièrement familières. Dans beaucoup de cas, ces procédés peuvent être installés à peu de frais en permettant une réduction des frais de fabrication. De même le blanchiment des tissus, plumes, pailles. chanvre. poils de toute sorte (veau, vache, etc.), par l'eau oxygénée, le chlore. etc. Nous pouvons à cet égard fournir tous renseignements, rapports pratiques. composition de bains nouveaux, surveillance d'installation et mise en route.

Sulfate de cuivre — Sans parler de tous les autres produits chimiques, dont la fabrication nous est familière, nous attirerons particulièrement l'attention sur ce produit dont la fabrication est assez rémunératrice surtout lorsqu'on peut utiliser soit des déchets de cuivre, soit des déchets d'acide sulfurique. Nous nous chargeons de fournir tous renseignements pratiques et les devis et plans d'installations.

4° Section. — MINES & MÉTALLURGIE

Les difficultés techniques auxquelles se heurte l'exploitant ne sont pas les seules à résoudre ; l'art des mines et de la métallurgie est, au point de vue économique, des plus hasardeux ; notre organisation, grâce à une *longue experience* en ces matières, peut fournir tous les renseignements utiles, tels que **prix de revient**. achat des matières premières, dépenses d'installation, etc., etc.

A titre d'indication, nous indiquerons ci-dessous quelques-unes des questions spéciales que nous résolvons **régulièrement** et **rapidement.**

Tungstène. — Ce métal acquiert une importance particulière par suite du développement des aciers à outils à grande vitesse de coupe ; sa recherche s'impose et sa découverte sera des plus fructueuses. Nous avons donné d'utiles conseils sur la minéralogie du wolfram et de la scheelite ; les méthodes chimiques permettant d'en déceler la présence dans un minéral ; les débouchés, modes de ventes, statistiques de production et cours dans les dernières années.

Graphite. — Produit appelé à un grand avenir par ses usages multiples. et dont la recherche est avantageuse ; nous avons fourni plusieurs études sur la fabrication des creusets de graphite, des peintures au graphite pour constructions métalliques et coques de navire ; devis et marche d'une laverie pour le graphite mat amorphe et le graphite cristallin ; données pratiques sur l'exploitation et la recherche du graphite ; statistiques, débouchés. cours ; dessins d'établissement de paliers à graissage par le graphite.

Broyage à sec et humide. — Le succès de la concentration d'un minerai dépend du mode de broyage ; nous fournissons toutes données sur le prix de revient du broyage selon la grosseur et le genre de minerai à broyer ; nous avons étudié l'usure des broyeurs suivant la vitesse à laquelle on les fait tourner ; devis et dessins d'installation d'un atelier de broyage avec échantillonnage automatique des produits ; conseils sur le choix du broyeur le plus économique selon les conditions à satisfaire ; poids, prix, rendements à l'heure.

Séparation magnétique des minerais mixtes. — Utilisation des minerais de fer titanés et élimination de l'ilménite ; séparation économique du wolfram de la cassitérite ; cette opération est avantageuse, étant donné la haute valeur du wolfram. Nous avons étudié spéciale- ment la séparation de la blende et de la baryte. ainsi que de la blende et le pyrite de fer qui sont à peu près intraitables par voie humide. Beaucoup de minerais mixtes, considérés comme invendables par suite des difficultés de traitement mécanique, peuvent être traités avec gain.

Briquetage des fumées de fours métallurgiques. — L'on sait, que les fumées qui s'échappent des fours de réduction à plomb, cuivre, etc., constituent une perte de 8 à 12 0 0 du poids du minerai et sont toujours très riches en métal ; leur texture grenue ou en petits champignons ne se prête pas toujours à une fusion réductrice facile, et. dans le four, c'est un phénomène bien connu que ces poussières produisent une obstruction du four ; il est préférable. pour utiliser ces fumées présentant une grande valeur, d'avoir recours à l'agglomération, soit en pains cylindriques, soit en briquettes, soit en boulets ; nous avons à maintes reprises étudié le briquetage des produits métallurgiques les plus divers, cendres de pyrites, etc.

Nous tenons à la disposition de nos clients de nombreuses lettres de référence.

Choix des briques réfractaires et construction des revêtements. — Le choix d'un bon revêtement réfractaire est chose beaucoup plus délicate qu'on ne pense trop souvent ; suivant la nature du produit que l'on aura à fondre, le choix et le mode de construction ne sont nullement indifférents, mais, au contraire, ont une importance économique considérable. étant donné les pertes matérielles de temps pour la mise hors feu, et d'argent pour le rallumage du four ; nous avons fourni des études très complètes de revêtements de chromite, magnésie, silice, briques de Dina, etc., pour fours et convertisseurs ainsi que des données économiques sur la forme, le prix, etc., des briques spéciales pour régénérateurs Siemens et appareils à vent chaud.

Appareils économiques à chauffer le vent marchant aux résidus de pétrole. — L'on oublie trop souvent l'économie considérable que procure l'emploi du vent chaud dans les fours soufflés ; les plus petits fours : fours de fonderie, cubilots, etc., peuvent permettre de réaliser un gain de combustible très élevé par l'emploi du vent chaud. Nous avons fourni des dessins et plans d'installation de petits appareils à vent chaud marchant aux résidus de pétrole, au goudron ou aux huiles de schiste brutes.

Fabrication et moulage des bronzes à haute résistance (Marine, etc.). — Les bronzes ordinaires n'ont qu'une résistance mécanique faible, et un allongement peu important, enfin l'eau de mer les détériore rapidement ; nous avons étudié la fabrication de certains bronzes spéciaux employés à l'étranger pour la fabrication des hélices, etc.

Installations de cubilot. — On sait toute l'importance que présente l'emploi d'un vent convenablement réglé, d'une proportion de coke bien établie pour obtenir de la fonte de bonne qualité.

Traitement des minerais de cuivre. — Nous avons fourni des indications sur les différents modes de traitement utilisant les combustibles les plus divers, notamment le soufre comme combustible (fusion pyritique des minerais de cuivre sulfurés), le bois (fours à réverbère), le charbon de bois, le coke (fours water-jacket), les combustibles gazeux (fours à cuivre à régénérateurs), le pétrole (fours à cuivre au naphte), etc.

SERVICE DES LABORATOIRES

Nous nous sommes adjoints comme complément à notre service d'étude plusieurs *laboratoires* outillés spécialement chacun pour pouvoir étudier complètement un genre de questions bien déterminées.

Nous sommes de la sorte en état de poursuivre toute recherche **chimique, métallurgique** (au point de vue mécanique ou chimique), **céramique, biologique, vinicole,** etc...

Les échantillons de produits à analyser doivent être envoyés en double exemplaire, dans des flacons en verre, bouchés soigneusement et ayant un volume de 50 centimètres cubes environ.

A titre d'exemple :

« Lorsqu'un **minerai** nous est soumis, nous recherchons le meilleur parti à en tirer, le meilleur procédé à employer pour l'utiliser, et par une série d'essais méthodiques, nous mettons au point un procédé d'exploitation rationnel, etc , etc...

« Un fabricant de colle nous signale que lorsqu'il met du sulfate de zinc dans sa colle, il se produit un trouble qui diminue la valeur de son produit. Nous lui indiquons, après divers essais, le procédé à employer pour corriger ce défaut. »

SERVICE DES BREVETS

1° **Valeur industrielle d'un Brevet.** — Ce service établit des rapports sur la valeur ou le côté pratique de tout brevet qui lui est soumis. Il accompagne son travail, si on le désire, de conseils pratiques sur l'utilisation du brevet. Nos Laboratoires nous permettent en effet de faire tout essai pratique que nécessiterait l'étude d'un brevet.

Antériorité. — Quand on est possesseur d'un brevet ou bien lorsqu'on est sur le point d'en acheter un, il est intéressant de connaître la valeur absolue dudit brevet.

Tous les industriels ont donc tout intérêt à s'adresser à une maison sérieuse, ayant des personnes absolument compétentes à la tête du service des **Recherches d'antériorités**, se distinguant des agences de brevets proprement dites en ce qu'elle s'occupe surtout d'établir la *valeur réelle* d'un brevet *pris* ou *à prendre*. Les succès remportés jusqu'à ce jour nous permettent d'affirmer que nulle maison ne peut fournir un travail plus sérieux, plus approfondi et exécuté dans de meilleures conditions pécuniaires.

L'étude, telle que nous la comprenons, ne porte pas seulement dans le domaine des brevets d'Inventions ; elle s'étend à l'étude des livres et publications traitant la question faisant l'objet du brevet, afin de bien établir que rien n'a été publié qui permette d'entacher le brevet de non-valeur.

Un exemple des plus frappants est le suivant :

Une nouvelle étonnante éclatait comme un coup de foudre il y a quelques mois et mettait en émoi le monde métallurgique et industriel, voire même les savants. Il s'agit de la découverte qu'a cru faire un Américain que le séchage de l'air pour le soufflage des hauts-fourneaux donnait un meilleur rendement au point de vue de la fonte produite et apportait une économie considérable de combustible. Or, une recherche bibliographique a prouvé que déjà en 1849, un volume paru en Allemagne intitulé *Geschichte des Eisens* (chap. IV, page 312), traitait la question absolument au même point de vue, et entache par conséquent de nullité un brevet qui, au premier abord, semblait défier toutes recherches tendant à discuter sa valeur.

2° **Recherche des Brevets**. — Nous nous chargeons également de réunir une liste complète de brevets sur un sujet donné, soit simple en donnant simplement le numéro, la date et le nom, soit détaillé en y joignant quelques lignes indiquant les points principaux pour des honoraires très modérés, et cela dans tous les principaux pays.

3° **Vente des Brevets**. — Après un examen minutieux des qualités du Brevet, en matière de propriété industrielle, et une recherche faite dans l'intérêt du client, ayant pour but de savoir si son brevet est véritablement nouveau et exempt de toute cause de nullité ou de déchéance ; nous nous chargeons de la vente ou de la cession des licences en France et à l'Etranger. En particulier nous avons établi des correspondants, sortes d'Agences, à New-York, à Québec, à Londres, à Bruxelles, à Berlin, à Moscou, à Zurich, à Turin, à Milan, à Barcelone, à Valence, à Lerida, à Buenos-Aires, à Montévidéo, qui sur place et ayant l'habitude du pays, sont à même d'obtenir les meilleures conditions. En outre, ces Agences nous permettent de surveiller par la suite et sans aucun frais pour l'inventeur, la bonne exécution des contrats intervenus.

Tous les jours le nombre de ces correspondants s'accroit, ce qui augmente nos moyens d'action et nos chances de réussite. Enfin, nous nous chargeons de fournir des modèles de Contrats de Cessions de Brevets ou de Licences.

4° **Mise en exploitation**. — Lorsqu'un Brevet qui nous a été soumis, a été reconnu comme vraiment intéressant et valable, nous acceptons d'organiser sa mise en exploitation par la cession de licences régionales.

Ce mode opératoire a le grand avantage d'éviter pour l'inventeur la constitution des Sociétés Anonymes toujours dispendieuses et dans lesquelles l'inventeur voit très souvent son rôle éliminé au bout de peu de temps.

Pour cette mise en exploitation, notre rémunération s'établit par un tantième dans les redevances payées à l'inventeur.

SERVICE D'EXPERTISE, ARBITRAGES & INVENTAIRES

Dans tout litige entre industriels ou clients et fabricants, le " **Bureau Technique** " se charge d'envoyer un ingénieur spécialiste qui agit comme expert amiable.

La collaboration juridique qu'il possède, lui permet de conseiller tout client mécontent d'une livraison, ou tout industriel qui se plaint de difficultés apportées dans son industrie, etc.

Exemples de questions résolues :

1° Un fabricant de sucre ayant fait réparer l'induit de sa dynamo, celle-ci se détériore 24 heures après sa mise en marche. Après avoir retourné cet induit chez le constructeur, il nous délégua pour reconnaître si la détérioration provenait d'une mauvaise utilisation, ou d'un défaut de construction. Nous avons pu démontrer au constructeur que c'était un vice de construction et éviter ainsi au fabricant de sucre, les frais de la réparation. Frais qu'il aurait dû supporter sans le concours de notre spécialiste en matière de dynamo.

2° Un industriel apprend qu'un procédé est contrefait. Il obtient l'autorisation de faire une saisie, et nous lui fournissons un ingénieur spécialiste dans l'objet contrefait, comme expert pour assister lors de la saisie, reconnaitre et décrire utilement les pièces intéressantes à signaler dans le procès-verbal.

3° Un amateur fait réparer le moteur à pétrole de son bateau. A trois reprises successives le moteur ne fonctionne pas. Nous lui indiquons la marche à suivre, et lui fournissons notre concours technique pour pouvoir faire faire la réparation par un autre constructeur, sans que le premier puisse réclamer le montant d'une facture qui n'a pas de raison d'être.

SERVICE JURIDIQUE

L'Industriel est appelé constamment à prendre des engagements, soit vis-à-vis de ses ouvriers, de ses voisins, de ses clients, de ses fournisseurs, chaque fois c'est une lettre ou un contrat qu'il signe.

Que d'imprudences commises faute d'un conseil judicieux et opportun.

Ce service, organisé depuis le 1ᵉʳ janvier 1905, dirigé par un Avocat qui s'est spécialisé dans ces questions moyennant des honoraires fixes **fr. 10**, examine tout contrat, toute lettre, et donne son avis sur les modifications à apporter soit pour rendre le contrat valable, soit pour dégager les intérêts du demandeur.

Spécimen de questions résolues :

Moyens et contrats à adopter par un patron pour se protéger contre le débauchage des contre-maîtres ou des ouvriers.

Conseils pour contestations avec un voisin au sujet de bruits et vibrations provenant d'une usine attenante.

Examen ou rédaction d'un contrat d'achat de machines et chaudières à vapeur.

Concurrence déloyale.

Modèles de contrats d'embauchage d'ouvriers et de contremaitres.

Nous tenons à la disposition de nos clients de nombreuses lettres de référence.

BIBLIOTHÈQUE PRATIQUE DU "MOIS SCIENTIFIQUE & INDUSTRIEL"
8, Rue Nouvelle, PARIS (9ᵉ), 7, Passage Lemonnier, LIÉGE

MONOGRAPHIES RÉCEMMENT PUBLIÉES
Par le Bureau Technique du M. S. I.

*En dépôt dans les Bibliothèques de Gares
et dans les Grandes Librairies, et servies gratuitement aux abonnés
du "Mois Scientifique et Industriel".*

Collection honorée d'une subvention de l'Association française pour l'Avancement des Sciences

---

L'Electrosidérurgie, étude de l'état actuel de la fabrication de l'acier par le four électrique et les chutes hydrauliques, par le professeur *Borchers* et M. *Garnier*, ingénieur des mines, 20 pages, 12 planches, avec de nombreuses notes pratiques et tableaux. Port 0 fr. 15 .... **1 fr.**

Le froid industriel et ses applications, par M. *G. Pelletreau*, ingénieur civil, licencié ès-sciences. Dans ce fascicule sont décrites les machines à employer, suivant chaque cas particulier, avec leurs caractères et avantages respectifs, ainsi que la manière de les utiliser, et enfin les bénéfices certains que l'on peut retirer d'installations frigorifiques. 40 pages avec de nombreux schémas et photographies. (Port 0 fr. 15 .... **1 fr.**

L'Incandescence par le gaz, étude économique, pratique et technique montrant les progrès récents de ce mode d'éclairage ; son prix de revient exact d'après les essais de longue durée ; sa comparaison avec les autres systèmes, pour l'éclairage des ateliers et magasins. Port 0 fr. 15. **1 fr.**

Progrès récents de l'industrie du verre, par le professeur *Granger*. Le chauffage des fours de verrerie a fait dans ces dernières années de grands progrès, sans parler de l'application du four électrique à la verrerie qui est exposée tout au long dans cette étude pratique très documentée.
En deuxième lieu l'auteur décrit en détail les procédés de soufflage des grandes pièces de verre, qui constituent encore pour les praticiens un sujet d'étonnement. **40 figures et photographies.** (Port 0 fr. 15) .... **1 fr.**

Les méthodes modernes de paiement des salaires, par *J. Izart*, ingénieur des mines, avec une préface de M. *Yves Guyot*. Étude pratique et écrite dans un langage facile des méthodes employées aux Etats-Unis et en Angleterre pour faire produire à l'ouvrier son effort maximum, tout en augmentant le bénéfice de l'industriel.
Cette monographie étudie successivement les divers genres d'industrie et constitue un véritable manuel indispensable à consulter. (Port 0 fr. 25 .... **2 fr.**

La surchauffe de la vapeur, par *Paul Baudoin*, ingénieur des Arts et Manufactures. Guide pratique faisant ressortir les avantages que peut procurer dans chaque usine l'emploi de la vapeur surchauffée, soit pour la force motrice, soit pour le chauffage. Port 0 fr. 20 .... **1 fr. 50**

L'électricité dans l'industrie minière, guide pratique permettant de se rendre compte des services que peut rendre l'électricité dans chaque cas particulier. Nombreuses notes pratiques et documentation considérable, 80 pages, 55 figures. Port 0 fr. 25 .... **3 fr.**

Progrès récents dans les industries de fermentation. Manuel pratique exposant d'une façon claire et concise les progrès accomplis dans ces dernières années dans les industries de fermentation : Distillerie, Rhumerie, Brasserie, Cidrerie, Industrie vinicole et du vinaigre, Lait aigri, etc., 80 pages. Port 0 fr. 25 .... **2 fr. 50**

La fonderie moderne fonte, acier, bronze, laiton, aluminium.
Exposé pratique des perfectionnements récents réalisés en France, en Angleterre, aux Etats-Unis, en Allemagne, dans la fonderie, en tant que matériel, procédés et tours de main.
On sait tout le parti que les Américains et les Allemands ont su tirer de la fonderie de fonte ; les Anglais et les Américains, d'autre part, ont perfectionné la fabrication des bronzes et alliages à grande résistance mécanique, ainsi qu'au feu et à la vibration. Nous signalons aussi le mode opératoire lui-même qui, par les procédés d'organisation parfaite et d'exécution rapide, a permis de réduire dans une large mesure le prix de revient. 100 pages, nombreuses illustrations. — Port 0 fr. 25 .... **2 fr. 50**

En préparation et pour paraître incessamment :

Nº 11. **Le chauffage économique de l'habitation**, guide pratique.

Nº 12. **L'économie dans la manutention.** Transports dans l'usine, camionnage, transports sur route, etc.

Nº 13. **La production économique de la force motrice.**

LE MOIS SCIENTIFIQUE ET INDUSTRIEL

Revue des Revues Techniques

8, Rue Nouvelle, PARIS (9e)

Le M. S. I. est honoré d'une subvention de la Société d'encouragement pour l'Industrie Nationale et d'une subvention de l'Association française pour l'avancement des Sciences.

MULTA PAUCIS

Cette Revue, d'une genre unique, publie chaque mois, après les avoir classés méthodiquement et suivant un ordre pratique, les résumés accompagnés de croquis et de photographies des principaux mémoires pratiques publiés par les revues techniques du monde entier en quelque langue qu'ils soient.

Ces analyses, faites par des spécialistes, donnent l'essence même du travail résumé, en signalant tous les points intéressants et nouveaux dans *l'ordre pratique*.

Elle est, en premier lieu, l'outil indispensable de l'ingénieur et de l'industriel qui veulent suivre sans grande dépense et sans grand effort les perfectionnements apportés dans leur industrie.

C'est aussi un recueil intéressant et instructif pour tous ceux qui veulent, sans approfondir les questions, se donner une idée générale des travaux considérables accomplis dans les différentes branches industrielles.

Nous conseillons donc à tous ceux qui veulent avoir une idée de cette importante publication de solliciter l'envoi d'un

SPÉCIMEN GRATUIT *(Joindre 0,20 pour les frais)*.

Le spécimen envoyé a pour but de donner une idée approximative de l'état actuel de la Revue qui a aujourd'hui 120 à 160 pages par mois. Ce spécimen montre bien la façon dont est réalisée notre devise *Multa paucis*.

Pendant ses 7 années d'existence, elle a résumé plus de 30,000 articles.

CE QUE L'ON TROUVE DANS LE M. S. I.

A. — Le Compte rendu analytique des articles parus dans les principales revues techniques françaises et *étrangères*. Le texte est accompagné de nombreuses *gravures* qui en rendent la lecture agréable. Enfin ces articles sont soigneusement *indexés* : d'une part au moyen d'un numéro d'ordre ; d'autre part au moyen de chiffres de classification de la bibliographie décimale et classés dans les chapitres suivants :

Ils sont séparés en 3 parties.

1re Partie : **Mécanique, Electricité, Economie industrielle.**

- Chap. I. — Mesures.
- — II. — Force motrice.
- — III. — Machinerie et appareils mécaniques.
- — IV. — Machinerie et appareils électriques.
- — V. — Construction.
- Chap. VI. — Hygiène et Economie industrielle.
- — VII. — Eclairage et chauffage
- — VIII. — Télégraphie et téléphonie.
- — IX. — Locomotion, navigation, aérostation.

2e Partie : **Le Mois Minier et Métallurgique.**

- Chap. I. — Exploitation des mines.
- — II. — Charbonnages.
- — III. — Minerais et métaux.
- — IV. — Métallurgie générale.
- Chap. V. — Fer, fonte, acier.
- — VI. — Plomb, cuivre, argent, etc.
- — VII. — Petits métaux.

3e Partie : **Mois chimique et Electrochimique.**

- Chap. I. — Electrochimie.
- — II. — Matériel chimique.
- — III. — Produits chimiques.
- — IV. — Boissons et aliments.
- — V. — Corps gras et savons.
- Chap. VI. — Céramique et verre.
- — VII. — Blanchiments et teintures.
- — VIII. — Industries diverses.
- — IX. — Analyse industrielle.

Nous tenons à la disposition de nos clients de nombreuses lettres de référence.

B. — A la suite des analyses données dans chaque chapitre, une rubrique **Références** donne des indications sur des articles intéressants, mais qui pour une raison quelconque n'ont pu être résumés.

C. — A la fin de chaque chapitre **Le service spécial des Brevets du Bureau Technique du M. S. I.** donne un relevé des brevets les plus intéressants délivrés depuis peu et pris sur l'un des sujets concernant ce chapitre. Les recherches sont ainsi énormément facilitées pour le lecteur.

D. — Un **Cours mensuel** des principales matières premières intéressant l'industrie en général. Citons les **combustibles** : houilles, pétroles, alcool ; les **minerais** et terres rares ; les **métaux** et alliages ; les **produits chimiques**, colorants et parfums ; les **engrais**, etc. Les cours sont donnés, quand il est possible, à Paris, Londres, New-York, Hambourg et Amsterdam. Ce cours est aujourd'hui reconnu comme officiel.

E — Une **Bibliographie** régulière des principaux ouvrages publiés en France et à l'étranger. Chaque bibliographie est une *critique* et non pas un *compte rendu* d'éditeur. On est donc bien renseigné sur la valeur de l'ouvrage considéré, ayant l'opinion d'un spécialiste qui a lu le livre analysé.

F. — Un chapitre **Informations industrielles et économiques** dans lequel les Industriels peuvent décrire leurs appareils et procédés nouveaux et où nos correspondants à l'étranger viennent noter leurs impressions sur l'état général du marché ; où enfin nous ajoutons toute information, séance de Sociétés techniques, adjudications, concours, etc., susceptible d'intéresser le lecteur.

G. — Enfin pour chaque partie une **Table méthodique des Matières** permettant de rechercher rapidement l'article présentant un intérêt spécial pour le lecteur, parmi les 400 à 500 articles régulièrement analysés, et qui complète fort heureusement notre petite *Encyclopédie périodique*.

Afin de permettre à ceux de ses lecteurs de découper et de coller sur fiche les analyses des articles qu'il publie le **Mois scientifique et industriel** fait paraître une édition spéciale imprimée d'un seul côté des feuilles. Comme d'autre part chaque analyse porte le numéro de la classification décimale, les fiches ainsi formées sont immédiatement prêtes à être classées.

Prix du Numéro : 2 francs.

ABONNEMENT :	Edition ordinaire	Edition pour fiches
France et Belgique	20 fr.	25 fr.
Étranger	25 fr.	30 fr.

Cet Abonnement est intégralement remboursé.

En effet *Le Mois Scientifique et Industriel* ayant été cette année encore encouragé par des prix et des subventions, il est à même d'envoyer à ses abonnés à titre de remboursement :

1° Au cours de l'année 4 monographies industrielles sur un sujet d'actualité. Ces monographies publiées en supplément et abondamment illustrées résument l'*État actuel de nos connaissances* sur le sujet considéré. Après une *mise au point* et un *historique* toujours intéressants, les méthodes modernes sont exposées avec une documentation précise empruntée aux meilleures sources, enfin une *bibliographie* très complète vient en aide aux lecteurs désireux d'approfondir la question. Ces monographies sont vendues couramment en librairie 2 fr. 50 pièce, soit une valeur de . . . . **10 fr.**

2° 2 bons de 5 francs chacun sur *Le Bureau Technique du M. S. I.* et acceptés à la volonté de l'abonné soit comme paiement du montant d'une consultation, soit comme acompte d'une étude plus importante, soit . . . . **10 fr.**

TOTAL . . . . . . **20 fr.**

OPINIONS DE LA PRESSE SCIENTIFIQUE

(Faute de place, nous ne reproduisons ici que deux opinions, choisies dans toutes celles qui ont été publiées.)

Electrical World, *juillet 1899*.

La rédaction est composée de nombreux spécialistes pour toutes les branches traitées, leurs initiales sont mises après leurs extraits respectifs.

Le premier numéro contient 88 pages et plusieurs centaines d'extraits dont quelques uns sont accompagnés de gravures ; tout semble avoir été écrit avec beaucoup de soin.

The Journal of Gas Lighting, *juillet 1899*.

Les matières sont judicieusement traitées, et le tout imprimé avec soin. Il est certain que le nouveau venu saura se faire une place enviable dans les rangs de la littérature technique française.

Autant que nous pouvons en juger, cette Revue est destinée à rendre de très grands services à tous ceux qui n'ont pas le temps de chercher à travers le nombre toujours croissant des publications s'occupant de sciences physiques, les indications dont ils ont besoin. L'arrangement général, aussi bien que les détails et l'impression, sont excellents.

Abbeville. — Imprimerie F. PAILLART.

www.ingramcontent.com/pod-product-compliance
Lightning Source LLC
LaVergne TN
LVHW050615090426
835512LV00008B/1503